Christl Friedl

TIERLEID

Texte, die von anderen Personen oder Institutionen übernommen wurden, sind durch *Kursivschrift* gekennzeichnet.

Dieses Buch ist allen Tieren gewidmet, denen ihr sehr oft noch junges Leben, von einer der schlimmsten Bestien dieser Erde, auf unvorstellbar grausame Art und Weise genommen wurde ... dem Menschen!

"Wer gegen Tiere grausam ist, kann kein guter Mensch sein."
Arthur Schopenhauer

(Netzfund)

„Die Idee, dass manche Leben weniger wert sind, ist die Wurzel allen Übels auf der Welt"

Hinweis: Dieses Buch spiegelt zum größten Teil meine persönliche Meinung wider. In einem Land, in dem es jedem freigestellt ist, diese zu äußern, durchaus nicht verwerflich.

Es liegt mir fern, jemanden persönlich zu beleidigen. Mir ist bewusst, dass bereits sehr viele Menschen, im Sinne der Tiere, verantwortungsvoll denken und handeln. Sinn und Zweck dieses Buches soll sein, auch alle anderen zum Nachdenken anzuregen und auf das Leiden so vieler Tiere aufmerksam zu machen. Es waren, sind und bleiben nun einmal die Menschen, deren Verantwortung es ist, die Tiere zu schützen und ihnen zur Seite zu stehen.

Alles über das ihr in TIERLEID lesen werdet, habe ich entweder mit eigenen Augen gesehen, recherchiert oder es wurde mir von Personen und Institutionen meines Vertrauens zur Kenntnis gebracht. Sollte, trotz sorgfältiger Recherche, etwas falsch dargestellt sein, entschuldige mich dafür in aller Form und bedanke mich im Vorfeld bereits für belegbare Gegendarstellung.

Ich zähle auf EUCH ♥

TIERLEID

Wer kann damit leben?

Christl Friedl

Bibliografische Information der Deutschen Nationalbibliothek: Die Deutsche Nationalbibliothek verzeichnet diese Publikation in der Deutschen Nationalbibliografie; detaillierte bibliografische Daten sind im Internet über http://dnb.dnb.de abrufbar.

Umschlaggestaltung:
Gerd Seis, Werbewerkstatt, München

Herstellung und Verlag:
BoD – Books on Demand, Norderstedt

ISBN: 978-3-7528-9553-7

Inhalt

Eine alte Indianerlegende besagt:

Wenn du stirbst,

begegnest du auf der Brücke,

die zum Himmel führt,

allen Tieren, die deinen Weg zu

Lebzeiten gekreuzt haben.

Diese Tiere werden entscheiden,

ob du weiter gehen darfst oder

nicht.

(Netzfund)

Vorwort

„Mit diesem Buch wirst Du Dir Feinde machen", meinte meine bessere Hälfte, als er die ersten Seiten meines neuen Buchprojektes gelesen hatte. Na und? Wo ist das Problem? Auch die Bemerkung einer Bekannten, begleitet von angeekeltem Naserümpfen, „Denkst Du wirklich, dass *DAS* jemand lesen möchte?" konnte mich nicht von meinem Vorhaben abhalten. Keine Ahnung, ob es Interesse finden wird. Dieses Buch zu schreiben, ist für mich eine Herzensangelegenheit. Allein darum geht es und das ist, in diesem Fall das einzige, das für mich zählt. Mit meiner Meinung habe ich noch nie hinter dem Berg gehalten und das wird definitiv auch so bleiben.

Allen, die wie diese Bekannte denken, möchte ich sagen: IHR werdet das „nur" lesen. Aber unsere „Freunde", die Tiere, müssen diese Grausamkeiten oft täglich am eigenen Körper erdulden. Vielleicht solltet ihr euch darüber einmal ein paar Gedanken machen.

Der Sinn und Zweck meines Lebens ist es ganz

sicher nicht unzählige Freunde zu haben. Qualität vor Quantität ist meine Devise. Meine Erfahrung hat mir gezeigt, dass so manche Freundschaft, obwohl ich mir das vorher nie hätte vorstellen können, nicht einmal einem kleinen Windhauch standhielt. Aufklären, informieren und hilfsbedürftige Tiere zu unterstützen, ist mir wesentlich wichtiger geworden. In dieser, immer empathieloser und egoistischer gewordenen Zeit ist das auch dringend notwendig geworden.

Die Recherchen zu diesem Buch haben mich sehr oft an die Grenze des für mich Erträglichen gebracht. Trotzdem war und ist es mir immer noch eine Herzensangelegenheit diesen Tieren eine Stimme zu geben. Wenn auch die Menschen, denen Tiere wichtig sind immer mehr werden, so überwiegt bei vielen leider immer noch die Gier nach Geld. Wenn die Kasse klingelt, ist es ihnen vollkommen egal, wer oder was dafür sein Leben lassen muss. Das unvorstellbare Leid, das viele Tiere vor ihrem Tod für den „Dienst" am Menschen durchleben müssen, geht leider vielen am A***** vorbei.

Im Zeitalter des Internets kann wohl kaum jemand behaupten nicht zu wissen, was sich hinter den Kulissen abspielt. Oft frage ich mich, ob das Internet wirklich Segen oder doch eher Fluch ist. Wobei gerade dadurch immer wieder und immer mehr Tierquälereien ans Tageslicht kommen, die sich viele nicht einmal im Traum vorstellen können oder es eventuell auch gar nicht wollen. Wer weiß das schon genau.

Heute Morgen führte mir wieder einmal eine Dokumentation vor Augen, auf welche grausame Art und Weise Tiere aus reiner Gewinnsucht von Menschen gequält werden. Diese brachte das Fass endgültig zum Überlaufen.

Es ist schon sehr lange an der Zeit, dass den Menschen vor Augen geführt wird, welche Qualen und welches oft unvorstellbare Leid diesen wundervollen Geschöpfen Gottes, für die „Schönheit", das leibliche Wohl und nicht zuletzt die Geldgier mancher Menschen, zugefügt wird.

Wer kann tatsächlich damit leben?

Flexitarier, schon einmal gehört?

Nein? Mir ging es genauso. Erst seit Kurzem kenne ich diese Bezeichnung, die genau die Ernährungsweise, die ich für mich gefunden habe und die ich den sogenannten „Nutztieren" gegenüber verantworten kann.

„Nutztiere", ein Wort, das ich noch nie leiden konnte. Wer darf sich anmaßen, Tiere in Haus-, Arbeits-, Zoo-, Zirkus- oder Nutztiere einzuteilen? Menschen und Tiere leben auf unserer schönen Welt ... that´s it.

Aber nun zurück zum Flexitarier, auch Teilzeit-Vegetarier genannt. Ein Flexitarier möchte nicht ganz auf Fleisch verzichten, ist aber trotzdem ein Gegner der Massentierhaltung. Aus diesem Grund kommt bei ihm nur Bio-Fleisch aus Freilandhaltung auf den Teller. Ein Flexitarier ist bereit, mehr für Fleisch zu bezahlen; Billigfleisch aus dem Discounter würde niemals auf seinen Teller kommen. Es erfordert nicht wirklich viel Fantasie, sich vorstellen zu können, dass Billigfleisch ausschließlich aus der Massentierhaltung bezogen wurde. Diese Tiere durften in ihrem kurzen Leben kein Tageslicht sehen und die Sonne, höchstens auf dem Weg zum Schlachthof, „genießen".

Ihr habt schon richtig gelesen. Obwohl mein Herz für Tiere schlägt und ich mich für den Tierschutz einsetze, bin ich weder Vegetarierin noch Veganerin. In meinen Augen kann weder die eine, noch die andere Ernährungsweise gesund sein. Der Mensch gehört nun mal zu den „Fleischfressern", wie sich Veganer gerne auszudrücken pflegen. Trotzdem oder gerade deshalb darf man niemals aus den Augen verlieren, dass dafür ein Tier sein Leben lassen musste. Fleisch bewusst zu verzehren und dafür dankbar zu sein ist eine Notwendigkeit, das sollte nie vergessen werden.

Den allseits bekannten und immer wieder gerne gemachten Witz, dass Vegetarier und Veganer den Tieren das Futter „wegfressen", spare ich mir an dieser Stelle. Mir ist daran gelegen auf sachlicher Basis einen Weg zu finden, der allen, Menschen und auch Tieren, gerecht wird. Fleisch in Maßen zu essen, schließt meiner Meinung nach Tierliebe nicht aus; auch wenn militante Veganer gerne das

Gegenteil behaupten. „Nur" damit, den Tieren zu liebe kein Fleisch mehr zu essen, hilft dem Gros der Tiere kein Stück weiter. Bitte versteht mich jetzt nicht falsch. Ich bewundere Menschen, die es schaffen, auf Fleisch und jegliche tierischen Produkte zu verzichten. Unverschämt ist es aber, alle die, die das nicht zustande bringen, zu verteufeln und oft auch unflätig zu beleidigen.

Es ist die Entscheidung eines jeden Einzelnen, wie er lebt und sich ernähren möchte. Niemand, der für sich selbst eine gegensätzliche Entscheidung getroffen hat, darf sich anmaßen, seine eigene Lebens- und Ernährungsweise anderen Menschen aufzudrängen. Durch Beleidigungen und Beschimpfungen konnte noch nie jemand dazu gebracht werden umzudenken. Genau das Gegenteil ist der Fall. Objektiv zu informieren und respektvoll zu diskutieren, ist in jedem Fall wesentlich hilfreicher.

Der menschliche Organismus benötigt auch Fleisch. Das ist wissenschaftlich erwiesen, ob das nun jemandem passt oder auch nicht. Ohne Zweifel ist es nicht nötig, morgens, mittags und auch noch abends Fleisch zu essen. Auch hier ist allzu viel ungesund. Der positive Aspekt in Bezug auf das Wohlbefinden und die körperliche Gesundheit, den eine drastische Reduzierung des Verzehrs von Fleisch zur Folge hat, ist nicht abzustreiten. Auch wenn Menschen, die meinen ohne ihre tägliche Portion Fleisch nicht leben zu können, das nicht gerne hören.

Der lebende Beweis bin ich selbst. Wurstwaren esse ich bereits seit vielen Monaten nicht mehr; Fleisch gibt es bei uns höchstens ein- bis zweimal pro Woche. Wie zu Zeiten unserer Großmütter, die intuitiv vieles sehr richtig gemacht haben.

Auch wenn ich mir das noch vor Monaten nicht hätte vorstellen können, schmeckt mir Fleisch inzwischen gar nicht mehr. Meine Blutwerte sind so gut wie bereits seit Jahrzehnten nicht. Absolut perfekt und genauso fühle ich mich auch.

Seit ich denken kann, führte ich einen aussichtslosen Kampf gegen Übergewicht. Es gibt kaum eine Diät, die ich nicht ausprobiert hätte. Auch dieses Thema gehört für mich der Vergangenheit an. Ein sehr angenehmer Nebeneffekt, den mir meine Liebe zu Tieren und der damit verbundene mäßige Fleischkonsum, beschert hat. Alles richtig gemacht.

Auch wenn die Freunde des Körperkults denken, auf täglichen Verzehr von Fleisch zum Aufbau der Muskelmasse nicht verzichten zu können, entspricht das nicht den Tatsachen. Das belegen diverse Beispiele. U.a. auch in einer TV Doku, die ich hier namentlich nicht nennen kann. Der eine oder andere Tierfreund weiß eventuell auch so, wovon und von wem ich spreche. Den gestählten, muskulösen Körpern dieser „Tierengel" tut das, obwohl sie sich aus Tierliebe vegetarisch ernähren, absolut keinen Abbruch.

Gerade kommt mir ein, vor längerer Zeit in einer deutschen Fußgängerzone durchgeführtes, sehr interessantes Experiment, in den Sinn. Kurz vor Kirchweih wurden dort lebende Gänse zum Kauf angeboten. Interessierte Käufer sollten bei der Schlachtung zusehen. Was denkt Ihr wie viele, trotz des günstigen Preises, darauf verzichteten? Es waren fast alle; in meinen Augen Heuchelei. Wenn ich das Fleisch von Tieren essen möchte, müssen diese dafür ihr Leben lassen. Das wurde den Menschen sehr deutlich vor Augen geführt.

Ich würde sogar so weit gehen, dass jeder

Mensch, der Fleisch essen möchte, das Tier selbst schlachten müsste. Deutschland würde ein Volk von Vegetariern werden … abgesehen von sehr wenigen Ausnahmen. Auch ich möchte mich hier nicht ausschließen, sollte ich jemals in die Situation kommen, ein Tier mit eigenen Händen töten zu müssen.

Zum Abschluss dieses Kapitels sei noch gesagt: Die Tatsache, dass Tiere vor dem Gesetz immer noch als Sache gelten, macht mich traurig und wütend zugleich. Es wäre schon lange an der Zeit, das endlich zu korrigieren. Denn nur dann können sich Tierquäler, wie auch immer geartet, nicht mehr so sicher sein, für ihre schrecklichen Taten mit nur lächerlich geringen Strafen davonzukommen. Vielen Sadisten könnte dadurch ein Riegel vorgeschoben werden. Tiere müssen den Status bekommen, der sie schützt, den sie verdienen und der ihnen auch zusteht.

Damit könnte ich dann leben!

Plastik

Sollte es tatsächlich Menschen geben, die sich immer noch ernsthaft fragen, was Plastik mit dem Leiden von Tieren zu tun hat, würde mich das sehr wundern. Da es aber bekanntlich nichts gibt, was es nicht gibt, werde ich auch dieses Thema hier kurz zur Sprache bringen.

Wer jemals und ich denke, das werden die meisten Menschen sein, Bilder eines gestrandeten Wals gesehen hat, in dessen Magen sich Unmengen von Plastikabfällen befunden haben, wird sich diese Frage wohl kaum stellen. Das Bild einer riesigen Meeresschildkröte, in deren Nase ein Plastikstrohhalm steckte, ging um die Welt. Sie hatte das große Glück rechtzeitig Hilfe zu bekommen. Vielen ihrer Artgenossen wurde das traurige Schicksal, daran elend zugrunde zu gehen, nicht erspart. Falls der Mensch nicht endlich zur Besinnung kommt, werden diesen bedauernswerten Geschöpfen auch noch unzählige folgen.

Von den Tausenden Fischen, Delphinen, sogar

Robben, die Plastik oft als Nahrung betrachten oder sich in Plastiknetzen verfangen, sich nicht mehr selbst befreien können und deshalb elendig verrecken, ganz zu schweigen. Ja, verrecken, anders kann man das nicht nennen.

Ihnen allen könnte sehr einfach geholfen werden. Der Verzicht auf Plastikverpackungen, deren Sinn und Zweck ich in vielen Fällen sowieso nicht nachvollziehen kann, könnte vielen Meeresbewohnern das Leben retten.

Aus welchem Grund wird frisches Obst in Plastik verpackt? Ein kürzlich auf Facebook veröffentlichtes Foto, ich meine mich erinnern zu können, dass es in Frankreich aufgenommen wurde, entsetzte mich extrem. In der Obstabteilung eines Supermarktes war jede einzelne Banane in Plastik eingeschweißt. Das lasse ich besser unkommentiert so stehen, da ich, wie anfangs erwähnt, niemanden beleidigen möchte.

Aus welchem Grund wird geschältes Obst in Plastikschalen angeboten? Vielleicht für Leute, die zu faul sind, ihr Obst selbst zu schälen? Oder etwa für die, die sich aufgrund ihrer unermüdlichen Jagd nach Geld, selbst stressen und ihre kostbare Zeit nicht damit

„verschwenden" wollen, ihr Obst selbst zu schälen?

Es bleibt zu hoffen, dass sogar sie eines Tages herausfinden werden, dass Kohle noch niemals glücklich gemacht hat und auch nicht glücklich machen wird. Je mehr solche Menschen bekommen werden, desto mehr wollen sie auch haben. Eine Endlosschleife, unter der die Tiere und Mutter Erde zu leiden haben, wenn nicht gar eines Tages gänzlich ausgerottet bzw. vernichtet werden.

An dieser Stelle möchte ich auf das Fräulein Greta, der Nachname sollte hinlänglich bekannt sein, kurz eingehen. Mit ihrer Unterstellung, dass die „Alten" die Erde und die Zukunft ihrer Generation kaputt gemacht haben, kann sie wohl kaum unsere Großmütter gemeint haben.

Das Bild meiner Oma, an die ich noch sehr viel, oft und gerne denke, habe ich noch heute vor Augen. Ich sehe, wie sie mit ihrem Einkaufsnetz „bewaffnet" losgezogen ist, um die, damals nicht einzeln in Plastik verpackten Waren, zu kaufen. Ich wurde, von Oma mit einer alten Eierschachtel und einer Milchkanne aus Blech ausgerüstet, zum Bauern geschickt. Damals gab es tatsächlich noch einen Bauernhof in

München. Ich liebte es dort hinzugehen und erfreute mich an den Kühen, die mit ihren Kälbchen zusammen auf der Weide grasten. Wahnsinn, oder? Das war vor einigen Jahrzehnten tatsächlich noch an der Tagesordnung. Das Wort „Massentierhaltung" gab es damals noch gar nicht. Und warum? Weil unsere Großmütter sehr vieles richtig gemacht hatten. Weil sie nicht den Anspruch hatten, jeden Tag morgens, mittags und abends billiges Fleisch und billige Wurst auf die Teller zu bringen. Sonntags gab es leckeren Braten, auf den sich jeder freute, den auch alle sehr genossen und zu schätzen wussten. Auf die Idee, eine Plastiktüte für jeden einzelnen Einkauf zu nehmen, für Eier oder 1 Liter Milch ständig neue Verpackungen zu kaufen, wäre sie nicht einmal im Traum gekommen.

Also, liebe Greta, die „ganz Alten" kannst du mit deinen Aussagen wohl nicht gemeint haben. Falls doch, würde ich darüber nachdenken, ob du deinen Beratern, die sehr sicher im Hintergrund wirken, tatsächlich alles blind glauben und nachplappern solltest.

Sicher gibt es bereits viele, die darauf achten, kein Plastik mehr zu verwenden. Mindestens genau so vielen geht es aber am A***** vorbei.

Ein gutes Beispiel dafür habe ich in meiner eigenen Familie. Mein Vorschlag, für sie einen Wassersprudler zu besorgen, fand bei meiner Mutter keine Zustimmung. Auch meine Argumente, dass sie dann nicht so schwer schleppen müsse und gleichzeitig Plastikmüll vermeiden könne, stieß auf taube Ohren. „Was heißt Plastikmüll vermeiden; ich kann doch die Flaschen im Supermarkt wieder abgeben". Da fehlen sogar mir die Worte und das passiert in der Tat sehr, sehr selten.

Na ja, das ordne ich dem Unverständnis einer 90-jährigen Frau zu, die meint nichts mehr dazulernen zu können. Was ich aber nicht tolerieren kann und will, ist, dass eine große Discounterkette Plastiktüten wieder einzuführen plant. Man würde davon ausgehen, dass der Kunde diese öfter als einmal verwenden wird. Damit ein weiteres Unternehmen, das mich als Kundin verloren hat und welches ich künftig boykottieren werde.

Ganz besonders freut es mich, dass dieses Kapitel trotzdem mit einer positiven Info zum Abschluss gebracht werden kann. Es gibt sie noch, die Unternehmen, die mich sehr beeindrucken und höchsten Respekt verdienen.

Die Hasi Schmeckerbäcker GmbH betreibt im bayrischen Landkreis Ebersberg inzwischen immerhin 26 Filialen ihrer Cafés mit Herz. Da ich deren leckere Kuchen und die Torten sehr liebe, treffe ich mich dort regelmäßig mit einer Freundin auf einen gemütlichen Plausch.

Als ich in drei verschiedenen Niederlassungen feststellte, dass der Latte Macchiato neuerdings ohne Plastikstrohhalm ausgegeben wird, fragte ich den freundlichen Verkäufer nach dem Grund. Mit leicht irritiertem Blick, erklärte er mir, dass die Geschäftsleitung aus Gründen des Umweltschutzes beschlossen hat, in allen Filialen auf Plastikstrohhalme zu verzichten. Aber selbstverständlich könne ich auf Verlangen einen bekommen.

Wow, das nenne ich Umweltbewusstsein und gleichzeitig Dienst am Kunden. Als ich ihm sagte, dass ich das ausgesprochen super finden würde und sehr gerne darauf verzichte, entspannten sich seine Gesichtszüge. Erleichtert wünschte er mir guten Appetit und freute sich offensichtlich sehr über die Anerkennung. Na, neugierig geworden?

Guckst du hier ▶ **www.mein-hasi.de**

Wie ich bereits von vielen Verkäuferinnen, Krankenhausmitarbeitern,
Sprechstundenhilfen und einigen anderen, zu hören bekam, sind sie Lob nicht gewöhnt. Sind die Menschen aber unzufrieden oder auch schlecht gelaunt, dienen sie gerne als willkommener Blitzableiter.
Bereits seit langer Zeit spreche ich oft und gerne Lob aus, wenn ich freundlich bedient wurde, mit dem Service oder der Leistung zufrieden war. Nach einem kurzen erstaunten Blick, macht sich daraufhin schnell ein Strahlen auf den Gesichtern breit. Probiert das doch einfach selbst einmal aus, falls ihr es nicht sowieso schon macht. Ein Lob auszusprechen ist kostenlos und ich kann euch versichern, es gibt euch ein ebenso gutes Gefühl, wie eurem Gegenüber.

Wertschätzung ist das Zauberwort

Versuchslabor

»Wenn Tiere so sind wie wir,
sind Tierversuche moralisch untragbar.
Wenn sie nicht so sind wie wir,
sind Tierversuche sinnlos.«

Partei für die Tiere
www.pfdt.de

Habt ihr schon einmal die enorme Lebensfreude gesehen, welche Tiere empfinden, die das große Glück hatten, ihrem Martyrium nach Jahrzehnten in Versuchslaboren oder auch einem Leben in der Massentierhaltung, entrinnen zu können? Das sehen zu dürfen, berührt das Herz und treibt einem Tränen in die Augen. Bei diesem Anblick kann man sich, wenn auch nur ansatzweise, vorstellen, was diesen Geschöpfen angetan wurde und welche Qualen sie erleiden mussten. Und wofür?

Kennt ihr sie auch, diese Menschen, die bei entsprechenden Berichten im Fernsehen umschalten, um nicht mit den schrecklichen

Bildern konfrontiert zu werden? Die ihr „reines" Gewissen behalten wollen, weil ja nichts heiß macht, was man nicht weiß? Das kann und darf keine Entschuldigung sein. Keiner kann davor noch weglaufen; nicht mehr in der Zeit des TV und Internets. Ignoranz hat die Welt noch nie verändert und wird es auch heute und in der Zukunft nicht tun.

Davor NICHT die Augen zu verschließen tut enorm weh. Aber unsere Freunde, die Tiere, werden gezwungen, alles „das" nicht „nur" anzusehen, sie müssen diese unvorstellbaren Qualen am eigenen Leib erdulden. Nicht selten jeden einzelnen Tag. Aus diesem Grund haben sie es mehr als verdient, dass wir ihnen schnellstens zu Hilfe eilen, um sie aus ihrer misslichen Lage zu befreien.

Wisst ihr was mich, immer und immer wieder, zur Weißglut bringen kann? Vegetarier und ganz besonders Veganer brüsten sich gerne und unaufgefordert damit, kein Fleisch zu essen. Sie erdreisten sich alle „Fleischfresser" zu verdammen, anzugreifen und oft auch unflätig zu beleidigen. Weil sie kein Fleisch essen oder auf alle tierischen Produkte verzichten, spielen sie sich als Retter der Tiere auf und denken allen Ernstes, dass es damit abgetan ist.

Bullshit … das alleine hilft den Tieren nicht weiter. Weder <u>allen</u> sogenannten „Nutztieren", noch den vielen, auf andere Art und Weise gequälten Tieren. Sind denn diese mehr oder weniger wert als Rinder, Geflügel, Wild oder Schweine? Was ist mit den armen Kreaturen, die in Versuchslaboren in viel zu engen Käfigen vor sich hinvegetieren und Tag für Tag zum „Wohl" des Menschen bestialisch gequält werden? Gilt für die dann „Was ich nicht weiß, macht mich nicht heiß"? Gibt es tatsächlich nichts, das es nicht geben darf, nur weil man es nicht mit eigenen Augen gesehen hat? Diese Fragen muss man sich schon stellen lassen, wenn man seine so große Tierliebe lediglich am Verzicht auf Fleisch festmacht. Versteht mich jetzt bitte nicht falsch. Es ist bewundernswert, wenn man es schafft, auf Fleisch oder sogar auf jegliche tierischen Produkte zu verzichten.

Nur … aufgrund dieses Verzichts alleine darf kein tierliebender Mensch sein Gewissen beruhigen. Damit ist lediglich einem sehr geringen Teil der Tierwelt geholfen. Es berechtigt keinesfalls, Menschen, die dem Genuss von Fleisch nicht abgeschworen haben, niederzumachen. Die Entscheidung, welche Ernährungs- bzw. Lebensweise jeder vor seinem Gewissen vertreten kann, trifft immer noch jeder ausschließlich für sich selbst. Das ist zu akzeptieren, auch wenn es einem noch so gegen den Strich gehen sollte.

Persönliche Beleidigungen, ich möchte sie mal Unart nennen, nimmt ganz besonders in den „sozialen" Netzwerken immer mehr überhand. Es ist ja auch so einfach, zu beleidigen, wenn man dieser Person nicht persönlich gegenübersteht. Meine Erfahrung hat mir gezeigt, dass gerade viele dieser Menschen, wenn sie dich dann im „wahren" Leben treffen, den Mund nicht aufbringen, dir oft nicht einmal in die Augen schauen können. Hoch lebe das anonyme Internet, das sogar dem erbärmlichsten Feigling die Möglichkeit bietet, seine Beleidigungen an den Mann bzw. die Frau zu bringen.

Natürlich kann und darf man nicht alle über einen Kamm scheren. Wie in vielen anderen Bereichen, gibt es auch unter Vegetariern und Veganern solche und solche. Beim Gros allerdings ist es mit der Tierliebe sehr schnell vorbei, sollte es erforderlich sein, den Hintern vom bequemen Sofa zu erheben und selbst etwas zu tun. Aktiv, nicht nur durch schlaue Kommentare auf Facebook oder anderen „sozialen" Netzwerken. Gerne erkläre ich, wie ich zu dieser Meinung gekommen bin.

Vor einigen Monaten gab es auf Facebook einen Aufruf zur Mahnwache gegen Tierversuche. Diese Mahnwache sollte an einem Samstagnachmittag in der Münchener Fußgängerzone, die an Wochenenden bekanntermaßen extrem stark frequentiert ist, stattfinden. Dutzende von Facebook Usern hatten sich als Teilnehmer angemeldet. Ich habe das nicht getan, obwohl ICH dann gerne die 70 km nach München gefahren bin, um daran teilzunehmen.

Zu meinem Erstaunen waren neben den Leuten der Tierschutzorganisation und meiner Wenigkeit, schätzungsweise noch 3 bis 5 Menschen anwesend. Traurig.

Wo waren sie da alle, die Vegetarier und Veganer, mit ihrer ach so großen Tierliebe? Auch von den vielen Menschen, die an diesem Samstag ihre Einkäufe erledigten und es äußerst eilig hatten, ihr Geld unter die Leute zu bringen, blieb kaum einer stehen, um sich zu informieren. Klar, wer bleibt schon gerne stehen und sieht sich einen Film an, in dem ein

Äffchen in ein Metallgestellt geschnallt, mit flehenden Augen in die Kamera schaut und auf Gnade hofft, während offensichtlich herzlose „Menschen" an seinem offenen Schädel hantieren. Bilder, die nur schwer zu ertragen sind. Wäre doch dann ihre Einstellung „was ich nicht mit eigenen Augen sehe, kann es nicht geben" ein für alle Mal widerlegt.

Warum sollen denn Tierversuche angeblich so unverzichtbar sein? Wofür soll es erforderlich sein, einem Häschen ätzende Flüssigkeiten in die Augen, die von metallischen Klammern offengehalten werden, zu träufeln, um deren Verträglichkeit zu testen? Damit die „Damen" der Gesellschaft kein Problemchen haben werden, wenn die verwendete Kosmetik versehentlich mit ihren Augen in Berührung kommt. Besser wäre es, wenn diese Damen zu ihrem biologischen Alter stehen und sich nicht der, sowieso aussichtslosen, Hoffnung hingeben würden, den Alterungsprozess verzögern und sogar ganz aufhalten zu können. An die Haut meiner Oma kam ihr ganzes Leben lang ausschließlich Wasser, Seife und Nivea. Noch als sie im Alter von 83 Jahren verstarb, hatte sie kaum Falten im Gesicht und eine wunderbare Pfirsichhaut. Ihre Haut hätte es mit der Haut eines jeden Babys aufnehmen können. Ich habe es geliebt, ihre Wangen zu streicheln. Ich selbst kann, aufgrund einer Allergie gegen Konservierungsstoffe, keine Kosmetikprodukte verwenden. Inzwischen bin ich 64 Jahre alt und habe, ebenso wie meine Oma, keine Falten. Das sollte sogar diesen Damen zu denken geben.

Für mich beweist das, dass die Beschaffenheit der Haut in erster Linie in den Genen liegt. Die extreme Faltenbildung kann man durch gesunde Ernährung, möglichst wenig Sonneneinstrahlung und den Verzicht auf regelmäßige Besuche von Sonnenstudios, in den Griff bekommen. Keine Creme der Welt, mag sie auch noch so teuer sein, wird den natürlichen Alterungsprozess aufhalten können. Meine Meinung dazu.

Wenn ihr euch endlich so akzeptieren würdet, wie die Natur euch geschaffen hat, würdet ihr nicht nur euch etwas Gutes tun. Ihr könntet dadurch die Qualen unzähliger Häschen als auch vieler anderer Tiere in den Versuchslaboren verhindern, die für euren aussichtslosen Wunsch nach ewiger Jugend, unsäglich leiden müssen. Das nennt man dann innere Schönheit, die wesentlich wichtiger ist, als alle faltenlosen Gesichter dieser Welt zusammen.

Diese Damen und inzwischen vermehrt auch Herren, die dem unerfüllbaren Wunsch nach ewiger Jugend und Schönheit erlegen sind, müssen sich daher folgende Frage gefallen lassen:

Könnt ihr damit tatsächlich leben?

FKS, das Kälberserum

Bei der Schlachtung einer trächtigen Kuh wird auch ihr ungeborenes Kalb getötet. Der Fötus ist jedoch kein „Abfallprodukt". Im Gegenteil, mit ihm lässt sich enorm viel Geld verdienen. Der Öffentlichkeit ist weitgehend unbekannt, dass aus dem Blut von Kälberföten ein für die Pharmaindustrie „wichtiger" Grundstoff für Medizin und Forschung erzeugt wird. Fötales Kälberserum, abgekürzt FKS, wird unter unfassbar grausamen Umständen „gewonnen". Der getöteten trächtigen Kuh wird das ungeborene Kalb aus dem Leib geschnitten. Der Fötus wird in einen speziellen Raum gebracht, in dem er von der Fruchtblase befreit und desinfiziert wird. Dann stößt man eine dicke Kanüle durch die Rippen ins schlagende Herz. Natürlich ohne Betäubung. Würden doch die dadurch entstehenden Kosten den zu erwartenden Gewinn schmälern. Zudem muss „es" ja schnell gehen, denn das Herz muss noch schlagen, damit das Blut zügig abgezapft werden kann und nicht gerinnt. Dieser Vorgang dauert zwischen 5 und

25 Minuten. Millionen von ungeborenen Kälbern werden auf diese Weise ausgeblutet. Das Blut füllt man in eine Zentrifuge, in der es von den roten Blutkörperchen getrennt wird. Anschließend erfolgt, unter sterilen Bedingungen, die Reinigung, um das Serum herstellen zu können.

Das miese Geschäft mit FKS schwemmt den Händlern jährlich Milliarden in die Kassen. Der Preis wird von den jeweiligen Anbietern diktiert und variiert je nach Qualität. Woran die „Qualität" festgemacht wird, entzieht sich meiner Kenntnis. Der weltweite Jahresbedarf liegt bei geschätzten 800.000 Litern Kälberserum. Das bedeutet pro Jahr für 1 - 2 Millionen ungeborene Kälber, auf grausame Weise qualvoll „entsorgt" zu werden. Die nicht benötigten Reste der Föten werden zu Tierfutter verarbeitet. Nur nichts verkommen lassen, wenn man Kohle herausschlagen kann. Logisch.

FKS ist Hauptbestandteil zahlreicher Nährlösungen, die zur Aufzucht und Kultivierung von Zellen in Zellkulturen benötigt werden. Dieses Serum wird in der Forschung eingesetzt und zur Herstellung von Medikamenten verwendet, die zur

Behandlung von MS und Krebs eingesetzt werden. Obwohl, das hat meine Recherche ergeben, keiner ganz genau weiß, was in diesem, aus dem Blut der ungeborenen Kälber gewonnen Serum, wirklich steckt. Dennoch gilt es weltweit als Wundermittel, das in Laboren verwendet wird.

Können wir das verantworten?

Hunde,
die besten Freunde des Menschen

I'm a FOREVER dog, not an UNTIL dog.

I am not an "until you have a baby" dog.
I am not an "until you move" dog.
I am not an "until you have no time" dog.
I am not an "until I get old" dog.
I am not an "until I make a mess" dog.

If you can't give me forever, I am not your dog.

It's really THAT simple

(@Bild Christl Friedl – Text Netzfund)

Eine Aussage hinter der ich zu 100 % stehe. Allerdings stellt sich mir die Frage, ob denn im Umkehrschluss, der Mensch auch der beste Freund des Hundes ist. Die schrecklichen Verbrechen, denen diese Fellnasen oft zum Opfer fallen, lassen mich daran zweifeln. Alleine mit diesen entsetzlichen „Geschichten" könnte ein komplettes Buch gefüllt werden. Für so manchen wäre es durchaus empfehlenswert, sich einmal wieder ins Gedächtnis zu rufen, was „Mensch sein" bedeutet bzw. bedeuten sollte. Denn einige, ich nenne sie jetzt einfach mal Kreaturen, verdienen diese Bezeichnung nicht. Denn würde es ein Mensch, der Empathie für und Mitleid mit Tieren empfindet, übers Herz bringen …

… einen schwer verletzten Hund, von einem Bauern mit seinem Traktor angefahren, hilflos im Straßengraben liegenzulassen. Kürzlich fiel mir ein Foto ins Auge, das die Hundebesitzerin mit einem riesigen Banner, in der Nähe eines Bauerhofs zeigte. Darauf abgebildet ihr wunderschöner Hund in lebendem und schwerverletztem Zustand. Leider kann ich die Aufschrift nicht wiedergeben, da es mir nicht möglich war, die Dame zu kontaktieren um ihre Genehmigung einzuholen. Ihr vierbeiniger Liebling wurde zufällig von einem Spaziergänger entdeckt, der seine Besitzerin kannte und diese umgehend informierte. Niemand weiß, wie lange dieser arme Kerl bereits leiden musste und ob man ihm noch hätte helfen können, wenn er sofort zum Tierarzt gebracht worden wäre. Als seine Besitzerin mit ihm in der Praxis ankam, hatte dieser leider keine Wahl mehr und konnte ihn nur noch durch die Todesspritze von seinen fürchterlichen Schmerzen befreien. Ein letzter Liebesbeweis seiner Besitzerin und des Tierarztes für diese treue Hundeseele.

Dass dieser Bauer den Hund gesehen hatte, war anzunehmen, da ähnliches kurz vorher fast mit einem Welpen passierte. Das tapsige Kerlchen lief zwischen die riesigen Vorderräder des Gefährts. Die Halterin gab verzweifelt Handzeichen, schrie und hüpfte herum, um den Fahrer darauf aufmerksam zu machen. Nun, geschafft hat sie das, trotzdem sah er keine Veranlassung das riesige Gefährt zu stoppen. Das Hündchen hatte großes Glück und entrann der gefährlichen Situation tatsächlich unverletzt.

Man kann nur hoffen, dass sich dieser Bauer nicht auf Viehzucht spezialisiert hat. Welche Empathie er seinen Tieren höchstwahrscheinlich entgegenbringt, würde ich gar nicht wissen wollen. Zumindest in unserer sehr tierlieben Gemeinde würde sich ein solcher „Mensch" wahrlich keine Freunde machen.

... auf dem Weg in den Urlaub, kurz auf der Standspur der Autobahn Halt zu machen, um seine beiden Schäferhunde an der Leitplanke anzubinden und ihrem traurigen Schicksal zu überlassen. Kann ein Hundehalter tatsächlich seinen Urlaub genießen, wenn er sich vorher seiner treuen Gefährten auf diese Weise „entledigt"?

... seinen vierbeinigen Freund im Wald an einen Baum zu binden und ihm, dass er ja nicht auf sich aufmerksam machen kann, auch noch die Schnauze mit Klebeband zu umwickeln? Solltet ihr denken, dass das eine Ausnahme war, muss ich euch enttäuschen. Leider. Einige der treuen Vierbeiner hatten Gott sei Dank das große Glück von Spaziergängern entdeckt und aus ihrer misslichen Lage befreit zu werden. So konnten sie ins Tierheim gebracht werden, gerade noch rechtzeitig bevor sie jämmerlich zugrunde gegangen wären.

Vor Kurzem wurde ein Fall bekannt, in dem eines dieser armen Kerlchen erst tot, in vollkommen abgemagerten Zustand gefunden wurde. Um den Baum herum und am Stamm konnte man die Spuren seiner Krallen sehen. Ich mag mir gar nicht vorstellen, wie verzweifelt er versucht hatte, sich selbst zu befreien und wie jämmerlich er verdurstet und verhungert sein musste.

… eine trächtige Hündin als „Anheizerin" in eine Arena für Hundekämpfe, die unter Strafe verboten sind, zu werfen, damit die „Kämpfer" so richtig in Stimmung kommen. In diesem bekannt gewordenen Fall ging der Schuss allerdings nach hinten los. Denn die Hunde fielen gemeinsam über die arme Hündin her. Schwer verletzt konnte sie in letzter Sekunde gerettet werden und wartet nun in einem Tierheim auf liebe Menschen, die zumindest versuchen, sie das schreckliche Erlebnis vergessen zu lassen und ihr endlich das liebevolle, behütete Leben schenken, das sie verdient. Zu allem Übel kann sie in Deutschland nicht vermittelt werden, da ihre Haltung als sogenannter Kampfhund in Deutschland verboten ist.

Die Meinungen bezüglich dieser Rassen driften stark auseinander. In meinen Augen ist die schwarze Liste das Dümmste, das man sich einfallen lassen konnte. Kein Hund auf dieser Welt wird böse geboren. Ausnahmslos alle Welpen sind einfach nur süß und verspielt. Die Verantwortung, welche Entwicklung sie im Lauf ihres weiteren Lebens nehmen, liegt in der Hand des Menschen, bei dem sie leben werden. Man möge mir die Ausdrucksweise verzeihen, aber das Arschloch befindet sich immer am anderen Ende der Leine.

Auch wenn manche das offensichtlich nicht glauben wollen, ist ein Hund nun einmal kein Mensch und handelt immer instinktiv. Muss ich wieder einmal in der Zeitung lesen, dass ein Hund angeblich grundlos einen Menschen angefallen hat, stellen sich mir alle Haare auf. So etwas wird niemals ohne Grund passieren. In den meisten dieser Fälle weiß keiner, was diesen Vorfall ausgelöst hat. Das interessiert offensichtlich auch keinen, der einen dieser reißerischen Artikel zu lesen bekommt. Fakt ist immer nur, der Hund ist das Ungeheuer und somit auch der Leidtragende, der in vielen Fällen eingeschläfert wird und sein Leben lassen muss.

Wo soll denn hier das Problem sein? Wird doch ein Tier und somit ein lebendiges Wesen in diesem unseren ach so schönen Land, immer noch als Sache bezeichnet. ***Ironie aus***

Wenn ich ein Kind beiße, werde ich sofort hingerichtet. Der Grund interessiert keinen.

Wenn ein erwachsener Mann ein Kind vergewaltigt, darf er weiterleben. Er hatte eine schwere Kindheit.

Genau wie ich ...

Ist es das, was die Menschen als fair bezeichnen?

(@Bild Christl Friedl - Absatz 1 und 2, Netzfund)

... ein sogenanntes Hundebordell zu „besuchen"? Gut, so nicht in Deutschland passiert, aber immerhin in Europa. Den Hunden werden sowohl Vorder- und Hinterbeine zusammen- als auch die Schnauze zugebunden, damit sich ekelerregende Typen mit ihnen verlustieren können, die offensichtlich nicht genug Geld haben um sich mit einer Prostituierten zu vergnügen. Pfui Teufel, mag man solche Kreaturen tatsächlich noch als „Menschen" bezeichnen?

Es ist bereits einige Jahre her, als ich gelesen hatte, dass 300 Hunde aus den Fängen dieser menschlichen Bestien befreit werden konnten. Vergessen kann ich das bis heute nicht. Wen wundert es, dass sich lediglich 2 dieser Hunde überhaupt noch von Menschen anfassen ließen?

Mit derartigen Horrorgeschichten könnten noch unzählige Seiten gefüllt werden. Einen kleinen Einblick habt ihr inzwischen bekommen. Um eure Nerven nicht zu sehr zu strapazieren, erspare ich euch an dieser Stelle weitere. Immerhin haben wir noch einiges vor uns.

Allerdings sind für mich nicht nur diese schrecklichen Grausamkeiten Tierquälerei. Nicht minder schlimm, wenn auch in abgeschwächter Form, ist es in meinen Augen, wenn …

… aus falsch verstandener Tierliebe, Welpen von verbrecherischen Hundehändlern gekauft werden, die ihre „Ware" auf Autobahnparkplätzen anbieten. Natürlich kann ich das Argument, dass man dann wenigstens einem dieser armen Tierchen das Leben gerettet hat, nachvollziehen. Aber was ist mit allen anderen, die nicht verkauft werden können oder mit den Hündinnen, die ihr Leben in kargen engen Käfigen fristen müssen? Die noch nie eine grüne Wiese unter ihren Pfoten spüren durften und deren „Aufgabe" es ist, ständig neue Welpen „liefern" zu müssen. Denen ist damit ganz sicher nicht geholfen.

„Aber wenn ich den nicht mitgenommen hätte, wäre er sicher getötet worden", auch ein Satz, den man in dem Zusammenhang sehr oft hört. Was denkt ihr denn, passiert mit den anderen Welpen, wenn sie größer geworden sind? Wenn sie nicht das fragwürdige „Glück" haben, erschlagen oder ertränkt zu werden, landen sie eventuell in einem Versuchslabor, in dem ihnen ein Leben voll Qual ganz sicher nicht erspart bleiben wird. Es könnte durchaus hilfreich sein, sich auch darüber ein paar Gedanken zu machen.

In den meisten Fällen haben diese Welpen in ihrem jungen Leben noch nie eine Tierarztpraxis von innen gesehen. Sie wurden weder untersucht noch gechippt oder geimpft. Die Papiere, die ausgehändigt werden, sind gefälscht oder wurden von korrupten Tierärzten gegen einen Obolus, ohne vorherige Untersuchung, ausgestellt. Das Ende vom Lied ist, dass viele nach kurzer Zeit schwer erkranken und es oft keine andere Lösung gibt, als sie einschläfern zu lassen, um sie von ihrem Leiden zu erlösen. Dann ist das Gejammer auf einmal groß. Vor einigen Monaten hatte Stern TV dieses Thema aufgegriffen und eine junge Frau eingeladen, der genau das passiert ist. Ich muss gestehen, dass sich mein Mitleid mit dieser Dame sehr in Grenzen gehalten hat.

Wenn man einen dieser Händler sieht, gibt es nur eine einzige richtige Vorgehensweise. Umgehend die Polizei verständigen und keinesfalls einen Welpen zu kaufen, mag er auch noch so goldig sein. Es gibt keinen anderen Weg, um diesen „Menschen" das Handwerk zu legen. Denn nur wenn sie feststellen, dass mit den kleinen süßen Hündchen kein Geschäft mehr zu machen ist ... und nur dann ... werden sie ihre Machenschaften einstellen.

... man Hunde für viel Geld von „Züchtern" kauft, die man im Vorfeld nicht auf Herz und Nieren geprüft hat. In Zeiten des Internets sollte es kein großes Problem sein, die Spreu vom Weizen zu trennen und einen seriösen Züchter zu finden. Hier ist blindes Vertrauen unangebracht, denn auch in dieser Branche gibt es einige schwarze Schafe.

Ein seriöser Züchter wird sich in der Regel auf eine Rasse konzentrieren. Er wird gewährleisten, dass die Welpen nicht zu früh vom Muttertier getrennt werden, ungefragt alle wichtigen Papiere, wie Impfbescheinigungen, übergeben und vor allem, die potentiellen Käufer auf Herz und Nieren prüfen, um sicherzustellen, dass die Tierchen in kompetente, liebevolle Hände kommen. Vor kurzem hörte ich von einer Züchterin, die sich von den Käufern einen Vertrag unterschreiben lässt, in dem sich diese verpflichten, den Hund an sie zurückzugeben, sollte es Probleme geben. Sie möchte damit verhindern, dass die Hunde ausgesetzt werden oder im Tierheim landen und wird dann dafür sorgen, dass für das Tierchen eine neue liebevolle Familie gefunden wird. Chapeau.

Bei Züchtern, die mit mehreren Rassen

aufwarten oder das Muttertier nebst Geschwistern, nicht vorzeigen wollen oder können, ist höchste Vorsicht geboten. In solchen Fällen besteht die Möglichkeit, dass die Tiere von unseriösen, nicht qualifizierten Hundehändlern aufgekauft wurden.

… sich Menschen, die den ganzen Tag arbeiten, einen Hund zulegen. Nach einem anstrengenden Arbeitstag haben sie oft keine Lust mehr auf lange Spaziergänge, geschweige denn sich mit dem ihnen anvertrauten Lebewesen ausreichend zu beschäftigen. Ein Hund, der 8 Stunden, oft sogar länger, mutterseelenallein und ohne Auslauf in einer Wohnung gehalten wird, muss zwangsweise seelisch verkümmern.

Um sicherzustellen, dass sich künftige Hundehalter ihrer Verantwortung bewusst sind und wissen, wie ein Hund geführt werden muss, würde ich sogar so weit gehen, einen Hundeführerschein einzuführen. Ein Hund, ist er noch so verschmust und kuschelig, ist immer noch ein Tier, das instinktiv reagiert. Ein Mensch muss seine Bedürfnisse genau kennen, danach handeln und ihm die Sicherheit geben, die er braucht. Nur so ist ein schönes, vertrauensvolles Zusammenleben gewährleistet.

„Dieses Training ist in erster Linie für den Menschen, weniger für den Hund. Es ist unumgänglich, dass dieser den richtigen Umgang mit seinem Tier lernt. Wenn etwas passiert, ist es meistens nicht die Schuld des Hundes, sondern die eines Menschen, der keine Ahnung davon hat, wie er ihn führen muss", sagte mir Bellas Hundetrainer vor vielen Jahren. Diese Aussage habe ich nie vergessen, denn sich stimmt zu 100 %.

Seit ich denken kann wünschte ich mir einen Hund. Erst vor einigen Jahren, als mein Mann und ich nicht mehr den ganzen Tag in der Tretmühle, die man Arbeit nennt, verbringen mussten, konnte ich mir diesen Wunsch erfüllen. Unsere Bella, die wir in einem Tierheim gefunden und adoptiert haben, war vom ersten Tag an ein vollwertiges Familienmitglied. Ein Leben ohne sie ist für uns unvorstellbar; um keinen Preis der Welt möchten wir unsere Süße jemals wieder missen.

Ein einziges Mal erlaubten wir uns mit ihr einen Scherz ... zumindest in unseren Augen. Auf der Rückfahrt aus einem Kurzurlaub, machten wir Pause, um uns für die Weiterfahrt zu stärken.

Um unser Essen ungestört genießen zu können banden wir Bella einstweilen an einen Baum. Um ihre Reaktion zu testen, entfernten wir uns ein Stück, ohne sie loszubinden. Ihren verzweifelten Blick, als ich mich nach einigen Metern umdrehte, habe ich niemals vergessen. Ganz schnell lief ich zurück und „befreite" sie aus ihrer Lage. Scherze dieser Art gab es bei uns nie mehr wieder.

Bevor wir unsere Bella fanden, hatte ich mein Herz an die weiße Schäferhündin Lilly verloren, die ich ebenfalls in einem Tierheim kennenlernte. Für uns war und ist es eine unumstößliche Tatsache, immer nur einen Hund aus dem Tierheim zu adoptieren. Nun, ich fuhr einige Male in dieses Tierheim, um Lilly zu einem Spaziergang abzuholen. Normalerweise schließen Hunde die Menschen, die sich mit ihnen beschäftigen, schnell ins Herz. Dass ich bei Lilly auch nach einigen Spaziergängen weder Freude noch Erkennen feststellen konnte, verwunderte mich sehr. Verstehen konnte ich ihr Verhalten erst, als mir die Mitarbeiterin des Tierheims ihre Geschichte erzählte.

Auf alleinigen Wunsch ihrer beiden Kinder schaffte sich ihre damalige Familie den

Welpen Lilly an. Der Vater war den ganzen Tag arbeiten, die Mutter hatte nicht die geringste Beziehung zu Hunden und wollte darum auch nie einen haben. Wie jeder normal denkende Mensch weiß, wollen die meisten Kinder viel und verlieren, nachdem der Reiz des Neuen vorbei ist, sehr schnell das Interesse daran. Genau so erging es der armen Lilly. So vegetierte sie, in dieser herzlosen Familie, mehr oder weniger vor sich hin. Der Vater, der sowieso nicht oft zu Hause war, hatte in seiner Freizeit nicht die geringste Lust darauf, sich mit ihr zu beschäftigen. Die Kinder merkten schnell, dass ein Hündchen versorgt werden muss, sehr viel Liebe und Zuwendung braucht sowie mehrmals täglich sein Recht auf einen Spaziergang hat. Ihr Interesse an Lilly schwand bereits nach wenigen Wochen. Die Mutter füllte zwar täglich ihren Futter- und Wassernapf, ansonsten wurde sie ignoriert. Natürlich verkraftet eine kleine, verletzliche Hundeseele dieses Desinteresse nicht ohne Schaden zu nehmen. Als Lilly dann schließlich im Tierheim landete, hatte sie offensichtlich beschlossen, Menschen nun ihrerseits zu ignorieren und ihr Hundeherz nicht mehr zu verschenken.

Nun, alleine das wäre für uns absolut kein

Grund gewesen, sie nicht zu uns zu holen. Mit viel Geduld und Liebe hätte man ihr auf jeden Fall helfen können, ihre schlechten Erfahrungen zu vergessen. Leider mussten wir aber feststellen, dass sie Auto fahren nicht vertragen konnte. Wir beschlossen, sie für einen Tag zur Probe zu uns zu holen. Bereits während der Fahrt merkten wir, dass es ihr nicht gut ging und sie ständig würgen musste. Kurz bevor wir zu Hause ankamen, entleerte sich ihr Mageninhalt auf den Rücksitz. Als wir sie am Abend zurückbringen wollten, war sie nicht mehr dazu zu bewegen, freiwillig in das Auto einzusteigen. Als sie sich mit Knurren und gefletschten Zähnen zur Wehr setzte, blieb uns nichts anderes übrig, als das Tierheim anzurufen, die Lilly dann mit ihrem großen Transporter abholten.

„Unser" Hund wäre mit uns viel unterwegs. Wir mussten also schweren Herzens von der geplanten Adoption Abstand nehmen. Mit unserer Bella hatten wir dann das große Los gezogen, anders kann man es nicht sagen. Sie liebt Auto fahren über alles und sprang in jüngeren Jahren sofort in jedes Fahrzeug, dessen Türe offenstand. Inzwischen kennt sie „ihr" Auto natürlich sehr genau und dieses

Problemchen hat sich somit erledigt.

Von vielen Menschen, deren geliebte Vierbeiner über die Regenbrücke gehen mussten, höre ich immer wieder „Nein, ich schaffe mir keinen Hund mehr an. Den Schmerz nach dessen Tod ertrage ich nicht noch einmal".

Nun, verstehen kann ich das sehr, sehr gut. Es tut weh, seinen vierbeinigen Freund gehen zu lassen. Sollte man sich aber nach abgeschlossener Trauerarbeit nicht lieber ins Gedächtnis rufen, seinem Vierbeiner ein schönes, liebevolles Leben geschenkt zu haben? Ist es nicht Egoismus, sich selbst Leid ersparen zu wollen? Zählen für die Tierchen nicht 5 Jahre in einem liebevollen zu Hause mehr als 10 Jahre in einem Käfig im Tierheim? Für uns ist der Gedanke, Bella eines Tages zu verlieren, fast unerträglich und trotzdem möchte ich nicht ausschließen, nach einer gewissen Zeit, einem anderen Tierheimbewohner ein schönes Leben zu schenken.

Und ja, meine Lieben, auch euer vierbeiniger Freund wird eines Tages alt sein. Wie der Mensch werden sich auch bei ihm mit zunehmendem Alter diverse Wehwehchen einstellen. Und ja, das wird mit, teilweise nicht unerheblichen Kosten verbunden sein. Bella ist inzwischen fast 16 Jahre alt. Die Tierarztkosten belaufen sich dieses Jahr bisher auf ca. 2.000 Euro und es könnte noch mehr werden. Nein, wirklich viel Geld haben wir nicht. Aber es reicht um ein gutes Leben führen zu können. Für den Fall, dass ich das nicht mehr aus meinen Reserven bezahlen könnte, würde ich, ohne mit der Wimper zu zucken, einen Kredit aufnehmen, um ihr für den Rest ihrer Tage ein schmerzfreies Leben zu ermöglichen. Tiere kosten Geld und nicht zu wenig. Mit dem Anschaffungspreis und Geld für Futter ist es nicht abgetan. Das scheinen viele im Vorfeld nicht zu bedenken. Ob man bereit ist, für sein Tierchen auf eigene Annehmlichkeiten zu verzichten, sollte man sich sehr gut überlegen, bevor man einen tierischen Mitbewohner zu sich holt.

Sollte also jemand die Auffassung vertreten, das vierbeinige Familienmitglied in einem solchen Fall dann aussetzen oder ins Tierheim abschieben zu müssen, würde ich vorschlagen, besser die Finger von einem lebenden Mitbewohner lassen. Sollte jemand nicht dazu bereit seid, seinem Haustier bis zu dessen Lebensende zur Seite zu stehen, auch wenn es u.U. viel Geld kostet, schafft euch bitte ein Stofftier an. Das wird außer dem Kaufpreis keine weiteren Kosten verursachen. Zudem kann es, je nach Bedarf, hervorgeholt und wieder in die Ecke gestellt werden und kann, ohne ein schlechtes Gewissen haben zu müssen, entsorgt werden, wenn ihr die Schnauze voll davon habt. Aber bitte tut das niemals einem lebenden Haustier an, das eine reinere Seele hat, als so mancher Mensch. Euer vierbeiniger Gefährte hat euch Zeit seines Lebens so viel geschenkt, beweist ihm, dass ihr seiner Liebe wert seid, auch wenn es krank und in die Jahre gekommen ist.

Vielleicht kann die kleine Geschichte, die ich einer Facebook Freundin nach dem Tod ihrer Hündin geschickt hatte, den einen oder anderen davon überzeugen, seinen gefassten Entschluss zu überdenken und einem Tierchen doch wieder ein liebevolles Heim zu schenken:

„Hunde sterben nicht, Hunde schlafen ein. Wenn du denkst, dass dein Hund gestorben ist, dann ist er nur in deinem Herzen eingeschlafen.

Wenn er wach wird, wedelt er wie verrückt mit dem Schwanz und deshalb tut dir die Brust so weh und du musst die ganze Zeit weinen.

Wer würde nicht weinen, wenn er seinen wedelnden Hund im Herzen spürt? Aber sie wedeln nur, wenn sie aufwachen. Wenn sie das erste Mal einschlafen, wachen sie ständig wieder auf. Das ist auch der Grund, weshalb du so oft weinen musst.

Mit der Zeit schlafen sie immer länger, weil es ihnen in deinem Herzen so gut gefällt und wachen immer genau dann auf, wenn du nicht damit rechnest.

Man kann Mitleid mit Menschen haben, die keinen schlafenden Hund in ihrem Herzen haben."

(Verfasser leider unbekannt)

Vor einiger Zeit ging der Beitrag eines Tierarztes um die Welt. Er erzählte, warum die letzten Momente vieler Tiere, wenn sie eingeschläfert werden müssen, so schrecklich sind.

Jeder, der sein Tier liebt, weiß wie schmerzhaft es ist, dieses loslassen zu müssen. Das schlimmste, das ihr eurem Tier antun könnt, ist, es in seinen letzten Minuten alleine zu lassen, weil ihr nicht mit ansehen könnt, wie es stirbt. Es fällt mir schwer, zu glauben, dass das fast 90 % der Tierbesitzer ihren Tieren antun. Sie geben es in der Tierarztpraxis ab und überlassen es ihrem traurigen Schicksal. Wie feige ist das denn?

Leute, eure Tiere suchen in ihren letzten Momenten nach ihren Bezugspersonen und können sie nicht finden. Das macht ihr Gehen umso schlimmer und bricht vielen der Tierärzte fast das Herz. Auch wenn es ohne Zweifel schwer ist, sein Tier sterben zu sehen, haltet es fest und gebt ihm so den Halt und die Liebe, die es gerade jetzt so dringend braucht.

Schon der Gedanke daran, dass auch für uns der Tag des Abschieds von unserer alten Dame Bella kommen wird, ist fast unerträglich und treibt mir oft die Tränen in die Augen, wenn ich nur daran denke. Für uns steht fest, dass wir sie niemals alleine ihrem Schicksal überlassen werden, wie auch immer es geartet sein mag. Sie hat uns inzwischen „nur" 15 Jahre unseres Lebens begleitet und wir hoffen von Herzen, es werden noch einige mehr. Für sie aber sind wir ihr ganzes Leben. Diese Tatsache solltet ihr euch immer vor Augen führen, falls ihr in Betracht zieht, so feige zu sein, euren treuen Gefährten einfach nur „abzugeben". ICH könnte mir das niemals verzeihen.

Sicher kennt jeder den Spruch „Ein Hund ist dir im Sturme treu, der Mensch nicht mal im Winde". Straft diesen Spruch Lügen. Lasst euren vierbeinigen Freund spüren, dass ihr auch im Sturm an seiner Seite bleibt. Bitte lasst ihn nicht alleine, wenn er seine treuen Augen für immer schließt. Jeder Hund ist ein Herz auf vier Pfoten und liebt „seinen" Menschen immer ein Stückchen mehr als sich selbst. Beweist ihm auch in seinen letzten Minuten, dass ihr seiner Liebe würdig seid.

In meinem inzwischen immerhin bereits 64-jährigen Leben, habe ich die Erfahrung gemacht, dass alle kleinen Kinder Tiere lieben. Weshalb und warum sich manche im Lauf ihres Lebens zu Tierquälern oder Tierhassern entwickeln, weiß ich nicht und, ehrlich gesagt, möchte ich es auch gar nicht wissen. Leider sind davon viele Tierarten betroffen. Hier jedoch möchte ich mich speziell an die Hundehasser wenden.

Kein Mensch wird gezwungen, Hunde zu mögen. Warum aber könnt ihr euch dann nicht einfach von Hunden fernhalten und müsst ihnen und ihren Menschen unsägliches Leid zufügen, indem ihr Köder mit Gift oder, fast noch schlimmer, gespickt mit Nägeln und Rasierklingen auslegt? Könnt oder wollt ihr euch nicht vorstellen, welche entsetzlichen Verletzungen Rasierklingen verursachen und welche unerträglichen Schmerzen dieses Tier erleiden muss? Vielleicht seid ihr aber auch einfach zu blöd dazu oder es geht euch am Arsch vorbei. Nun, sollte mir mal einer von euch in die Hände fallen, wird er sich wundern, welche enormen Kräfte ich mobilisieren kann. Ich werde euch eure Köder mit lächelnder Miene in den Schlund stopfen, damit auch ihr das „angenehme" Gefühl genießen und die verheerenden Auswirkungen am eigenen Leib verspüren könnt.

Sollte ich je einen erwischen, wie er Giftköder für Hunde und Katzen auslegt, frisst er die selbst, bevor ich ihn im Wald vergrabe 🐾

(@Bild Christl Friedl – Text Netzfund)

Mein ursprünglicher Plan war, das Kapitel über Hunde an dieser Stelle abzuschließen; aber unverhofft kommt oft. Heute ist mir ein Vorfall zu Ohren gekommen, den ich hier nicht zu verschweigen gedenke. Nero, ein sogenannter Listenhund, wurde von offizieller Stelle „verurteilt" und soll eingeschläfert werden. Der Grund dafür ist mir nicht bekannt und auf meine Versuche einer Kontaktaufnahme, reagierte bis heute niemand.

Fakt ist, dass die Besitzer, die offensichtlich sehr an ihrem Vierbeiner hängen, daraufhin mehrere Gutachten in Auftrag gegeben hatten. Diese sind für den verurteilten Nero, ohne Ausnahme, ausschließlich positiv ausgefallen. Ich konnte diverse Beschreibungen, Kommentare, Fotos und auch ein Video einsehen, aus denen ersichtlich ist, dass es sich hier um einen äußerst lieben und gutmütigen Hund handelt. Unser aller klarer Menschenverstand würde uns jetzt sagen, dass dieser Beamtenarsch sein einst, wahrscheinlich lediglich vom Schreibtisch aus, gefälltes Urteil revidieren wird. Großer Irrtum; das „Urteil" soll nach wie vor vollstreckt werden. Die Worte, die mir hierzu unweigerlich in den Sinn kommen, gebe ich hier, um keine Beleidigungsklage an den Hals zu bekommen, lieber nicht zum Besten.

Sehr froh bin ich darüber, dass diese „Angelegenheit" an eine, offensichtlich sehr tierliebe, Rechtsanwaltskanzlei übergeben wurde. Ich drücke die Daumen und hoffe aus ganzem Herzen, dass diese es schaffen, für Nero sicherzustellen, dass er sein Leben auch weiterhin aus vollen Zügen genießen und noch ganz viel Zeit mit seinen in sehr liebenden Zweibeinern verbringen darf.

Jeder Mitbürger, der den Namen „Mensch" verdienen möchte, darf nicht zögern, etwas zu unternehmen, wenn ein Tier schlecht behandelt, gehalten oder sogar gequält wird. Nur wenn wir alle aufmerksam sind, kann Tierquälern Einhalt geboten werden. Es ist unser aller Verantwortung zu verhindern, dass diese Tiere nicht jämmerlich zugrunde gehen. Ansonsten müssen wir uns einmal mehr die Frage stellen:

Könnte ich dann damit leben?

Ein herzergreifender Brief

Folgender erschütternde Brief stammt aus der Feder des ehemaligen Leiters einer spanischen Perrera (Tierasyl) und wurde mit dem Pseudonym Jazz M. Onster gezeichnet. Der Verfasser fordert ausdrücklich dazu auf, diesen Brief zu verbreiten, um so nachdenklich zu machen und eigenes Verhalten kritisch zu hinterfragen. Die „Pfotenkrieger" veröffentlichten diesen Brief und das dazugehörige Foto erstmals ungekürzt und kommentarlos, genau wie er übermittelt wurde.

„Ich glaube, unsere Gesellschaft braucht einen Weckruf. Als Leiter einer Perrera, werde ich etwas mit euch teilen … ein Blick von „innen", wenn ihr mir erlaubt.
Zunächst an alle Züchter und Verkäufer von Hunden: Ihr solltet zumindest einen Tag in einer Perrera arbeiten. Wenn ihr vielleicht den traurigen, verlorenen Blick in den Augen der Hunde seht, würdet ihr eure Meinung ändern und nicht an Menschen verkaufen, die ihr gar

nicht kennt. Gerade diese Welpen könnten am Ende in meiner Perrera landen, wenn sie nicht mehr die süßen Hundebabys sind. Wie würdet ihr euch fühlen, wenn ihr wüsstet, dass eine „Chance" von 90 % besteht, dass diese Hunde nie mehr aus dem Zwinger kommen, wenn sie erst einmal hier gelandet sind? 50 % der Hunde, die hier abgegeben werden oder verirrt herumlaufen, sind reinrassige Tiere.

Hier die häufigsten Ausreden die ich höre:

„Wir sind umgezogen und ich kann unseren Hund / unsere Katze nicht mitnehmen."

Wirklich? Wohin ziehen sie denn und warum suchen sie sich nicht eine Wohnung oder ein Haus in dem sie mit ihrem Tier leben können?

„Der Hund wurde größer, als wir dachten."

Was dachten sie denn wie groß ein Deutscher Schäferhund wird?

„Ich habe keine Zeit mehr für das Tier".

Wirklich? Ich arbeite 10 oder 12 Stunden am Tag und ich habe immer noch Zeit für meine 6 Hunde.

„Er zerstört meinen ganzen Garten."

Also, warum haben sie ihn nicht im Haus mit der Familie?

Dann sagen sie immer:

„Wir wollen nicht nerven und darauf beharren, dass sie ihm ein gutes Zuhause suchen, denn wir wissen, dass sie ihn adoptieren werden, er ist nämlich ein guter Hund."

Das Traurige daran ist, dass dein Haustier nicht adoptiert wird und weißt du, wie stressig es in einem Zwinger ist?

Nun, lass es mich dir mal erklären:

Dein Tier hat 72 Stunden Zeit eine neue Familie zu finden. Manchmal ein wenig länger, wenn die Zwinger nicht so voll sind und es völlig gesund bleibt. Wenn dein Tier sich erkältet, stirbt es.

Im Gegensatz zu den Hunden sehen Katzen ihrem sicheren Tod entgegen.

Dein Haustier wird in einen kleinen Käfig eingesperrt, umgeben von lautem Bellen und Schreien von mindestens 25 anderen Tieren.

Dein Haustier wird weinen und deprimiert sein und auf seine Familie warten, die es verlassen hat.

Wenn dein Tier Glück hat und es genügend Freiwillige gibt, könnte es sein, dass es mal ausgeführt wird. Wenn nicht, wird dein Haustier keinerlei Aufmerksamkeit erhalten, abgesehen von einem Teller mit Essen, welcher unter die

Türe des Zwingers geschoben wird und eine Dusche mit Wasser, um die Exkremente raus zu spülen.

Sollte dein Hund groß und schwarz sein oder einer Kampfhunderasse (Pitbull, Dogge …) angehören, hast du ihn in den sicheren Tod geführt in dem Augenblick, in dem du mit ihm durch die Tür gekommen bist. Diese Hunde werden in der Regel nicht angenommen. Egal wie „süß" oder wie „trainiert" sie sind.

Wenn dein Hund nicht in den nächsten 72 Stunden adoptiert wird und die Perrera voll ist, wird er sterben.

Wenn die Perrera nicht voll und dein Hund attraktiv und süß ist, kann man möglicherweise seine Hinrichtung verzögern, aber nicht für lange.

Die meisten Hunde werden sofort umgebracht, wenn sie sich aggressiv zeigen; selbst der ruhigste Hund kann solch ein Verhalten zeigen, wenn er eingesperrt wird und die Veränderungen seines Umfeldes nicht verträgt."

Anmerkung der Autorin: Vor vielen Jahren besuchte ich mit meinem damaligen Freund ein Tierheim. Er verlor sein Herz an eine sehr aggressive Schäferhündin. Obwohl ich schon damals ein Faible für Hunde hatte, machte mir dieses Verhalten große Angst. Einige Tage später stand er mit dieser Hündin vor meiner Tür. Er war schlauer gewesen als ich … damals. Nachdem ich den ersten Schock überwunden hatte, stellte ich fest, dass sie, befreit aus ihrem Gefängnis lammfromm war. Bereits nach sehr kurzer Zeit hatte ich sie ganz fest ins Herz geschlossen. Aufgrund dieser Erfahrung kann ich obiges Statement zu 100 % bestätigen.

„Wenn dein Hund sich mit Zwingerhusten (Canine infektiöse Tracheobronchitis) oder anderen Infektionen der Atemwege infiziert, wird er unverzüglich getötet, einfach, weil wir keine Ressourcen haben, um Therapien in Höhe von 150 € zu bezahlen.
Und nun möchte ich euch etwas über die Euthanasie schreiben, für alle die, die noch nie erlebt haben, wie ein vollkommen gesundes Tier umgebracht wird:
Als Erstes werden die Hunde mit einer Leine aus ihrem Zwinger geholt, sie denken, dass sie spazieren gehen werden und wedeln mit dem Schwanz – bis wir in „den Raum" kommen, dort bremst jeder Hund ab. Ich bin davon

überzeugt, dass sie den Tod und alle verlorenen Seelen riechen, die dort sterben mussten. Es ist seltsam, aber es passiert mit jedem von ihnen.

Dein Hund oder deine Katze wird von 1 bis 2 Menschen gehalten, je nachdem, wie nervös oder groß das Tier ist. Dann wird jemand von der Verwaltung oder ein Tierarzt den Sterbeprozess einleiten. Es wird eine Ader in ihrem Vorderbein gesucht und eine Dosis einer „pinken Substanz" injiziert. Hoffentlich ist dein Haustier nicht scheu, wenn es von mehreren gehalten wird. Ich habe Hunde gesehen, die sich die Kanüle herausgerissen und in ihrem Blut gebadet haben, begleitet von lauten Weinen und Schreien. Viele schlafen nicht einfach ein, sie krampfen, ringen nach Luft und koten sich ein.

Wenn alles fertig ist, wird dein Tier wie ein Stück Holz gestapelt auf die anderen Hunde, die schon in der Gefriertruhe liegen, um darauf zu warten wie Abfall abgeholt zu werden. Was passiert als Nächstes? Wird es eingeäschert oder begraben? Wird es zu Tierfutter verarbeitet? Du wirst es nicht erfahren, aber es war ja nur ein Tier und du kannst dir ja jederzeit ein Neues holen, richtig?

Ich hoffe, wenn du bis hierher gelesen hast, dass sich deine Augen getrübt haben und dir die Bilder nicht aus dem Kopf gehen, denn ich sehe sie jeden Tag, wenn ich nach Hause komme von der Arbeit.

Ich hasse meinen Job. Ich hasse es, dass es ihn überhaupt gibt und ich hasse es zu wissen, dass es ihn weiterhin geben wird, wenn ihr euch nicht ändert.

Zwischen 9 und 11 Millionen Tiere sterben weltweit jeden Tag in den Perreras und nur du kannst das stoppen. Ich mache alles Mögliche, um jedes Leben zu retten, aber die Tierheime sind immer voll und jeden Tag gibt es mehr Tiere die reinkommen, als die die raus dürfen.

Bitte züchte oder kaufe nicht, solange Hunde in den Perreras sterben.

Hasse mich, wenn du möchtest. Die Wahrheit tut immer weh und das ist nun mal die Realität. Ich hoffe nur, dass ich mit diesem Brief die Menschen erreichen kann, die züchten, ihre Tiere aussetzen oder wahllos kaufen.

Ich wünschte, jemand würde zu mir auf die Arbeit kommen und sagen: „Ich habe ihren Brief gelesen und möchte ein Tier adoptieren". Dann hätte sich alles gelohnt.

Bitte, wenn du möchtest, dass sich das ändert, verteile meinen Brief großzügig."

Es liegt in der Natur der Sache, dass ich bei Überarbeitung meines Buches die Texte sehr oft lese. Trotzdem werde ich mich daran niemals gewöhnen. Während ich diese Worte lese, treibt es mir immer und immer wieder die Tränen in die Augen.

Jedem, der diesen Brief gelesen hat und seinen treuen vierbeinigen Gefährten trotzdem in einer Tötungsstation oder einem Tierheim abgibt, egal wo auf der Welt, wünsche ich Corona in seiner schlimmsten Form an den Hals. Basta.

Wie? Das ist in Deutschland anders? Ein deutsches Tierheim ist keine Tötungsstation? Bullshit! Euer Tier wird auf jeden Fall unendlich leiden. Das ist Fakt.

Nur Menschen, die ein Herz aus Stein haben, wird dieser Brief nicht zu Tränen rühren.

Welcher MENSCH kann damit leben?

Tödliche Hitze

Liebes Herrchen, liebes Frauchen,

das war wirklich schön am Badesee. Es tat gut, den ganzen Tag an der frischen Luft zu sein. Die Sonne hat geschienen, es war warm und es hat mir sehr viel Spaß gemacht, mit euch und meinen Freunden zu spielen und zu toben. Schade, dass wir nicht länger geblieben sind. Als wir wieder nach Hause fahren wollten, bin ich wie immer in den Kofferraum gesprungen, ihr habt mich abgeleint und noch mal geknuddelt und gestreichelt, bevor ihr behutsam die Kofferraumklappe geschlossen habt. Das war das letzte Mal, dass ich eure Streicheleinheit genießen konnte.

Auf dem Weg nach Hause wolltet ihr noch schnell etwas einkaufen. Ich weiß, dass ich nicht mit in diese Supermärkte darf und deswegen habt ihr gesagt, dass ich im Auto warten muß. Ihr habt mir versprochen, dass ihr euch beeilt und bald wieder da seid. Weil das Auto in der Sonne stand, habt ihr zwei Fenster einen Spalt breit aufgelassen.

Ich habe gesehen, wie ihr in den Supermarkt gegangen seid und während ich euch mit meinen treuen großen Augen hinterhergeschaut habe, bemerkte ich, dass es immer wärmer im Auto wurde. Innerhalb von fünf Minuten haben die Temperaturen im Auto 38 Grad erreicht. Ich weiß, ihr habt es gut gemeint, das Fenster offen zu lassen, doch es ging kein einziges Lüftchen im Auto und es wurde immer wärmer. Das wurde mir immer unangenehmer und ich schaute sehnsüchtig auf den Eingang des Supermarktes, in den ihr eben reingegangen seid. "Vielleicht kommt ihr jeden Moment wieder und könnt mich aus der Falle befreien", dachte ich mir.

Nach zehn Minuten waren es schon 41 Grad im Auto und ich hechelte mir die Seele aus dem Leib, um die Hitze irgendwie auszugleichen. Ihr Menschen schwitzt, wenn euch warm ist. So kühlt sich euer Körper und so kann dieser auch viel höhere Temperaturen aushalten. Ich konnte das nicht, denn ich bin ein Hund. Unter meinem Fell wurde es unerträglich heiß und mir wurde schwindelig. Ich konnte nicht länger auf den Eingang des Supermarktes gucken und hoffen, dass ihr jeden Moment durch die Tür *kommt. Ich musste mich hinlegen, weil ich nicht mehr stehen oder sitzen konnte. Nach 25 Minuten haben die Temperaturen knapp 50 Grad erreicht. Ich war so verzweifelt! Wo seid ihr gewesen? Was hat so lange gedauert? Wenn ich doch die Kraft gehabt hätte, zu bellen oder zu jaulen, vielleicht hätte mich irgendjemand gehört und aus der Falle befreien können. Aber es ging nicht mehr.*

Ich lag in eurem Kofferraum und meine Augen wurden immer schwerer. Ich habe schon vor einigen Minuten einen schweren Hitzschlag erlitten. Mir ging die schöne Zeit und die tollen Momente mit euch durch den Kopf. Ich wusste, dass ich nicht mehr aufwache, wenn ich jetzt einschlafe. Ich hoffe, ihr werdet mich vermissen und an mich denken.

Wenn ihr jemals wieder einen Hund bekommt, lasst diesen bitte niemals alleine im Auto zurück. Ich weiß, ich war nicht der erste und werde leider auch nicht der letzte Hund sein, dem das passiert - deswegen warnt bitte andere Hundehalter und erzählt ihnen meine Geschichte.

Danke! Ich gehe jetzt über die Regenbogenbrücke und hoffe, euch eines Tages wieder zu sehen. Ich werde auf euch zu stürmen, mich freuen und euch ablecken. Bis es aber so weit ist, müsst ihr mit dem Schmerz leben.

Bis bald ... euer euch ewig treu ergebener Hund und bester Freund.

Wer könnte diese Schuld ertragen?

(@Bild Christl Friedl – Text Netzfund)

Katzen,
verschmuste Samtpfötchen?

Studien zufolge lebten in deutschen Haushalten in 2018 rund 14,8 Millionen Katzen und stellten bzw. stellen auch heute noch das beliebteste Haustier der Deutschen dar; Tendenz steigend. Da auch ich, als bekennender Hundemensch, mich dem Charme der Samtpfoten nicht entziehen kann, möchte ich ihnen ein Kapitel widmen.

Meinen Traum vom eigenen Hund konnte ich mir, als ich noch der arbeitenden Bevölkerung angehörte, nicht erfüllen. Bereits damals war mir klar, dass ich es einem Hund niemals zumuten würde, wochentags zwischen 8 und 10 Stunden täglich, alleine zu sein. Daher habe ich mir, noch nicht wissend, was ich heute weiß, ein Kätzchen nach Hause geholt.

Als ich eine Anzeige entdeckte, dass ein Wurf Kätzchen zu vergeben war, der im Englischen Garten in München gefunden wurde, gab es kein Halten mehr. Ich schnappte mir einen guten Freund und traf mich mit der Dame, die diese Anzeige geschaltet hatte. Natürlich ist es kein Problem, süße kleine Kätzchen zu vermitteln; daher waren, bis auf einen schwarzweißen strubbeligen Kater, bereits alle vergeben. Mein Freund konnte nicht glauben, dass ich dieses, in seinen Augen, „hässliche Ding" tatsächlich mitnehmen wollte. In der Tat, der Schönste war der kleine Felix, wie ich ihn nannte, tatsächlich nicht. Bereits damals hatte ich ein sehr weiches Herz, wenn es um Tiere ging. Wer sollte denn das Tierchen nehmen, wenn nicht ich? Wo würde er denn landen, wenn er für die meisten Menschen nicht schön genug war? Felix dankte es mir auf seine Weise und wurde ein stattlicher wunderschöner Kater, dessen Verhalten lustigerweise mehr an einen Hund, als an einen Kater erinnerte. Sobald es klingelte, sprintete er zu Haustüre und knurrte, was das Zeug hielt, um zu zeigen, dass diese Wohnung gut bewacht wurde. Ich gehe jede Wette ein, dass niemand ahnte, es mit einem Kater und nicht mit einem Hund zu tun zu haben.

Warum er im Lauf der nächsten Wochen zunehmend aggressiver wurde, konnte ich nicht wirklich verstehen. Außer meiner Wenigkeit, bekam das ohne Ausnahme jeder zu spüren. Mein damaliger Freund, der kurz vorher bei mir eingezogen war, bestand darauf, Felix wegzugeben. Ohne mein Wissen schaltete er ein entsprechendes Inserat. Nun, alle weiteren Dramen spare ich mir an dieser Stelle. Ich jedenfalls machte ihm sehr schnell klar, dass es hier nur einen gibt, der seine Sachen packen kann. Mein geliebter Felix würde das ganz sicher nicht sein. Dass er aufgrund meiner Aussage, seine Meinung schlagartig widerrief, änderte nichts daran, dass er Felix und mich nach nur wenigen Wochen verlassen „durfte".

Daraufhin trug ich alle Informationen, die ich über Katzen finden konnte, zusammen (im Idealfall sollte man das vorher machen) und suchte auch beim Tierarzt Rat. Der machte mir sofort klar, dass es Felix schlicht und einfach zu langweilig war. Daher wollte er, sobald jemand zu Hause war, die uneingeschränkte Aufmerksamkeit auf sich lenken. Natürlich haben auch Katzen sehr unterschiedliche Charaktere und eine jede reagiert anders. Bei ihm machte sich die Langeweile durch Aggressivität bemerkbar.

Als ich die sanfte Lady Jessie, eine wunderschöne dreifarbige Glückskatze, aus dem Tierheim zu uns nach Hause holte, sollte sich Felix Verhalten sehr schnell ändern. Bereits nach einem Tag waren die beiden ein Herz und eine Seele. Dass sie mir ab diesem Zeitpunkt gemeinsam Streiche spielten, die ich ab und zu nicht wirklich lustig fand, steht wieder auf einem anderen Blatt. Ausgeschimpft wurden sie dafür kaum, da es mir unmöglich war herauszufinden, wer der wirkliche Übeltäter war. Ende gut, alles gut; zumindest für Felix und Jessie.

Immer noch unterliegen viele dem Irrtum, dass es für Hauskatzen kein Problem ist, 8 oder mehr Stunden alleine in der Wohnung zu sein. Das stimmt nicht und ist Tierquälerei. Genau wie es Tierquälerei ist, ein Kaninchen oder auch Meerschweinchen alleine in einen Käfig zu sperren. Die Tiere leiden extrem unter dieser Situation. Wenn jemand nicht bereit ist, mindestens 2 dieser Tierarten ein zu Hause mit genügend Auslauf zu geben, dann soll er sich, den Tierchen zuliebe, doch bitte ein Stofftier kaufen.

Bitte informiert euch im Vorfeld genau, was euch beim jeweiligen Objekt eurer Begierde erwarten könnte und prüft, ob das Tierchen auch perfekt zu euch und eurem Leben passt. Sollte das nicht der Fall sein, lasst die Finger davon. Nur so kann verhindert werden, dass unsere Tierheime nicht noch mehr überquellen, weil die Tiere nach kurzer Zeit „abgeschoben" werden.

Wer meint, seine Katze hat genau in dem Moment Lust darauf gestreichelt zu werden oder zu kuscheln, wenn es ihm gerade in den Kram passt, wird schnell enttäuscht werden. Katzen sind, wesentlich häufiger als Hunde, sehr eigensinnige Individuen, die kaum etwas machen, wenn sie es nicht wirklich wollen und werden das sehr deutlich zum Ausdruck bringen. Nicht selten auch mit ausgefahrenen Krallen. In welche Richtung sich euer Kätzchen entwickeln wird, stellt sich erst, nach ein paar Wochen oder auch Monaten heraus. Vielleicht ist es majestätisch, ein Rabauke, eine echte Lady, sehr menschenbezogen, eher abweisend, ein Einzelgänger, scheu oder, wenn ihr Glück habt, ein echtes Kuschelmonster. Wem das klar ist und nur wer auch bereit ist, die jeweiligen Charaktere oder Eigenarten zu akzeptieren, wird mit seiner Samtpfote, hoffentlich viele Jahre, viel Freude haben.

Wer sein Kätzchen von Herzen liebt, kann sich kaum vorstellen, was er im Folgenden zu lesen bekommen wird. Denn auch vor den Samtpfoten machen Tierquäler und menschliche Bestien nicht Halt.

Den Anfang mache ich mit einer der harmloseren „Geschichten", die trotzdem für jeden Tierfreund unverständlich sein wird. Erzählt hat sie mir Bellas Tierärztin bei einem unserer letzten Besuche.

Die Besitzerin brachte eine hoch trächtige Katze in die Praxis, die von einem rücksichts- und verantwortungslosen Raser angefahren und schwer verletzt im Straßengraben liegen gelassen wurde. Von wem sie gefunden und nach Hause gebracht wurde, entzieht sich meiner Kenntnis. Da die Niederkunft bereits innerhalb der nächsten Tage erwartet wurde, musste die Geburt umgehend eingeleitet werden, um das Leben der Mama und ihrer Babys zu retten. Nun, die Katze zum Tierarzt zu bringen hatte die Besitzerin gerade noch geschafft. Noch mehr Geld für eine eingeleitete Geburt auszugeben, war dann allerdings zu viel verlangt. Sie hätte tatsächlich in Kauf genommen, dass die Tierchen gestorben wären. Die tierliebe und sehr verantwortungsvolle Tierärztin führte die Operation auf eigene Kosten durch.

Chapeau. Ich bin sehr glücklich darüber, dass Bella von dieser Tierärztin betreut wird. Wir haben die richtige Wahl getroffen. Ob diese „Dame" die Kätzchen wieder mitnehmen konnte, entzieht sich meiner Kenntnis. Obwohl ich absolut dagegen bin, Tiere ins Tierheim abzuschieben, wären diese Kätzchen dort wohl besser aufgehoben gewesen, als bei ihrer Besitzerin. Zumindest hätten sie dann die Chance gehabt, liebevolle Menschen zu finden, denen eine lebenswichtige OP wichtiger als die dafür anfallenden Kosten gewesen wären.

Merkwürdigerweise denken viele Menschen, dass es mit dem „Anschaffungspreis" und den Kosten für Futter abgetan ist. Großer Irrtum. Ergo ... wer nicht bereit ist, für sein Tier, dessen ganzes Tierleben lang, Verantwortung zu übernehmen, auch wenn es mit oft nicht unerheblichen Kosten verbunden sein kann, ist besser beraten, die Finger von einem lebenden Mitbewohner zu lassen.

Jedes Tierchen, sei es ein auch noch so süßes Baby, wird in kurzer Zeit ausgewachsen sein. Das geht wesentlich schneller, als sich so mancher vorstellen kann. Eines Tages wird es alt sein, braucht oft regelmäßig teure

Medikamente, manchmal kann auch eine Operation notwendig werden. Sollte man es nicht in den Urlaub mitnehmen können, wird für diesen Zeitraum eine verantwortungsvolle Pflegestelle erforderlich werden, die in vielen Fällen Geld kosten wird. Wer nicht bereit ist, diese Kosten seinem Tier zuliebe, zu tragen, lässt ebenso besser die Finger davon. In solchen Fällen käme dann wieder mein Rat bezüglich eines Kuscheltieres aus Stoff zum Einsatz.

Kater Boris hatte kein so großes Glück, sein Leben konnte von niemandem mehr gerettet werden. Der letzte Liebesbeweis seiner Menschen war, ihn in eine Tierarztpraxis zu bringen. Der Tierarzt konnte ihn nur noch durch die Todesspritze von seinen unsäglichen Leiden erlösen. Was war geschehen?

Boris war Freigänger. An einem sonnigen Oktobertag schleppte sich die treue Seele mit letzten Kräften und in der Hoffnung auf Hilfe, noch bis vor die Haustür seiner Besitzer. Seitlich an seinem Bauch klaffte eine riesige, stark blutende Wunde, die durch ein Foto dokumentiert wurde, das ich besser nicht gesehen hätte. In dieser Gegend wurden bereits mehrfach verendete Schwäne, in diesem Jahr aber verstärkt Katzen, mit ähnlichen Verletzungen gefunden. Daher weiß man auch, dass ein perverser Irrer offensichtlich mit einer Armbrust, Jagd auf unschuldige Tiere macht. Geschossen wurde mit roten Aluminiumpfeilen, die am Ende gelbe Federn haben. Wahrscheinlich macht es diesem Perversen auch noch Freude, die Tiere nicht zu töten, sondern nur so stark zu verletzten, dass sie elend zugrunde gehen.

Boris Besitzer setzen alles daran, diesen Tiermörder ausfindig zu mache. Ich drücke ihnen ganz fest die Daumen, dass er einer gerechten Strafe zugeführt werden kann. Da in diesem, unserem ach so schönen Land, Tiere im Gesetzbuch immer noch als Sache bezeichnet werden, dürfte diese Strafe den Qualen, die den Tierchen zugefügt wurden, nicht im Geringsten gerecht werden. Es wäre schon sehr lange an der Zeit, dass dieser Paragraf geändert wird. Ich weiß, ich wiederhole mich. In diesem Fall kann man das aber gar nicht oft genug sagen. Ein lebendiges Wesen als Sache zu bezeichnen ist jämmerlich, der Gesetzgeber sollte sich dafür schämen.

Schlimmer geht´s nicht mehr? Sollte dieser Gedanke aufkommen, nachdem ihr von Boris traurigem Schicksal gelesen habt, muss ich euch enttäuschen ... es geht noch viel, viel schlimmer ... leider.

Die letzte „Geschichte", mit der ich das Kapitel Katzen abschließen werde, wird das in seiner ganzen traurigen Gewissheit, verdeutlichen.

Das Bild eines süßen, aber toten, verstümmelten 7 Monate alten Kätzchens war für mich bereits Horror genug. Was ich dann aber weiter lesen musste, brach mir fast das Herz. Auch ohne dieses Bild zu sehen, wird jeder Katzen- und Tierfreund ebenso empfinden wie ich. Darauf würde ich meinen Kopf verwetten.

Die sogenannten Freigänger kommen in der Regel am Abend wieder nach Hause, sollten sie nicht versehentlich in eine Garage oder einen Keller eingesperrt werden. In der Regel können sie am nächsten Tag aus ihrer misslichen Lage wieder befreit werden und kommen spätestens dann zu ihren Menschen zurück. Daher machten sich auch die Besitzer dieses Kätzchens zwar Gedanken, aber nicht zu große Sorgen, als ihr kleiner Liebling eines Abends abgängig war.

Am nächsten Tag sollte sich das schlagartig ändern, als sie ihr Katzenbaby schwerverletzt und stark blutend im Garten entdeckten. Es hatte sich noch mit letzter Kraft zu ihnen geschleppt und verzweifelt auf Hilfe gehofft.

Es ist nicht schwer, ihr Entsetzen nachzuvollziehen, als sie feststellten, dass ihm ein Vorderlauf abgetrennt wurde und das Schwänzchen zu Hälfte fehlte. Unvorstellbar, wie sie es geschafft hatte, ihrem Peiniger zu entkommen. Die Untersuchung in der Tierklinik ergab, dass es sich keines Falls um einen Autounfall handeln konnte. Die, auf den ersten Blick nicht sichtbaren, starken Verletzungen am After und auch im Genitalbereich, widerlegten das. Nach allem, was ich bisher über Tierquäler in Erfahrung bringen musste, kann ich mir fast vorstellen, was er erleben und erleiden musste. Wie pervers muss man sein, sich von den sicher qualvollen Schreien dieses Tierchens nicht von seinen Gräueltaten abhalten zu lassen? Geholfen werden konnte dem Kleinen nicht mehr. Der Tod muss auch für ihn, wie schon für viele andere dieser gequälten Wesen vorher, eine Erlösung gewesen sein. Wo auch immer er jetzt sein mag, er ist in Sicherheit und es wird ihm gut gehen. Der abgetrennte Vorderlauf konnte, auch von Spürhunden, nicht mehr gefunden werden. Entweder hat ihn dieser Geisteskranke verspeist oder damit seine perverse Trophäensammlung vergrößert.

Meine Recherchen haben mir gezeigt, dass es nichts mehr gibt, was es nicht gibt. Ich traue manchen Menschen inzwischen alles zu; insbesondere, wenn „es" einem der vielen extrem kranken Gehirne entspringt.

Das will kein Tierfreund erleben!

Wer ein Tier, egal welches, quält und dazu fähig ist, ihm Schmerzen zuzufügen, hat den Namen MENSCH nicht verdient.

Marderhunde in China

Das unsagbare Leiden der Marderhunde auf den Pelztierfarmen in China geht uns alle an. Wusstet ihr, dass alleine für Pelzbesätze auf Jacken, Mänteln, Schuhen, Kinderspielzeug, Schlüsselanhängern, usw. usw. usw. jedes Jahr ca. 100 Millionen Tiere ihr Leben lassen müssen? Dass sie bevor der Tod sie endlich erlöst, qualvoll „leben" und unsäglich leiden müssen? Alles nur dafür, weil manche Menschen denken, sich mit dem Pelz dieser armen Kreaturen „schmücken" zu müssen und denken dadurch schöner zu werden. Verstehen die nicht, dass der Pelz an seinem ursprünglichen Besitzer, dem Tier, dem er gehörte, am schönsten ist? Dass echter Pelz einen hässlichen Menschen nicht schöner macht; dass genau das Gegenteil der Fall ist? Dass ein Mensch, der die Haut eines gequälten Tieres zur Schau trägt, dadurch nicht nur äußerlich, sondern auch innerlich hässlich wird? Nein? Nun, dann wird es Zeit, sie wieder und immer wieder darauf hinzuweisen und ihnen die traurigen Fakten zu verdeutlichen.

Der Einzelne kann nichts erreichen. Aber eine starke Gemeinschaft kann helfen, vieles zu verändern. Es gibt viel zu tun, packen wir es an. Inzwischen werden wunderschöne, sehr hochwertige Webpelze angeboten, durch deren tragen man sich nicht mitschuldig am Leiden so vieler unschuldiger Tiere macht. Die sogenannten Attribute „Echt Leder", „Echter Pelz" oder „Echtes Fell" dürfen auf keinen Fall ein Anreiz zum Kauf dieser Ware sein. Für tierliebe Menschen mit Herz muss das ein Ausschlusskriterium sein.

Noch vor wenigen Jahrzehnten war es extrem verpönt, Pelz zu tragen. Seit geraumer Zeit hat sich das wieder geändert. Liegt es daran, dass die Wörter „Mitleid" oder auch „Empathie" im Wortschatz so manches Mitmenschen inzwischen eine große Unbekannte geworden sind? Dass den Menschen, durch Internet und Kampfspiele der Umgang mit dem Töten zu geläufig und „normal" geworden ist? Ich weiß es nicht. Was ich aber weiß, ist, dass es wieder einmal an der Zeit ist, die Menschen auf das Leid so vieler Tiere, hervorgerufen durch ihren Schönheitswahn, aufmerksam zu machen.

Noch immer weigere ich mich zu glauben, dass unsere Gesellschaft tatsächlich so verroht und mitleidlos geworden ist, dass sie die Leiden der Tiere kalt lässt. Zumindest hoffe ich das von Herzen, denn die Hoffnung stirbt ja bekanntlich zuletzt. Das sagt zumindest der Volksmund.

Eine Doku über das Leiden der Marderhunde, die zu Tausenden in China für den europäischen Bedarf gezüchtet und gequält werden, hat mich veranlasst, endlich selbst aktiv zu werden und die Menschen, ob sie das hören wollen oder nicht, zu informieren. Wer diese Sendung gesehen hat, bekommt die Bilder nie mehr aus dem Kopf.

„Ihr sowieso schon kurzes Leben fristen diese bedauernswerten Geschöpfe in kleinen Käfigen. Die nächste Station in ihrem traurigen Leben ist dann der Markt für Pelzeinkäufer. Mehrere Tiere werden dort, eingequetscht in winzige Käfige, zur Schau gestellt. Ist ein Interessent gefunden, wird ein Tier brutal herausgezerrt, damit der Pelz begutachtet werden kann."

Die traurigen Augen dieser Tiere werde ich in meinem ganzen Leben nicht wieder vergessen.

„Zum „Service" der Händler zählt, die Tiere an Ort und Stelle zu häuten. Dazu schlägt man ihnen eine lange Eisenstange ins Genick."

Es dürfte nicht schwer sein, sich vorzustellen, dass die meisten der Tiere dadurch nicht sofort getötet werden. Und weil der Mensch das perverseste aller Lebewesen zu sein scheint, wird den Tieren dann bei lebendigem Leib der Pelz abgezogen.

„Als Undercover Ermittler auf einer chinesischen Pelztierfarm waren, mussten sie sehen, dass viele Tiere noch am Leben sind und verzweifelt kämpfen, während Arbeiter sie auf den Rücken schmeißen oder an den Beinen oder Schwänzen aufhängen, um sie zu häuten. Wenn Arbeiter auf diesen Farmen den ersten Schnitt durch die Haut machen und den Pelz vom ersten Bein des Tieres abziehen, tritt das andere Bein noch um sich und windet sich. Arbeiter treten den Tieren, die sich zu sehr wehren, um einen sauberen Schnitt möglich zu machen auf den Hals oder auf den Kopf. Wenn die Haut schließlich den Tieren über den Kopf abgezogen wird, werden ihre nackten, blutenden Körper auf die Stapel all der

anderen Leidensgenossen vor ihnen geworfen. Einige sind noch immer am Leben, atmen in kurzen Stößen und zwinkern langsam. Das Herz von einigen Tieren schlägt noch ganze fünf bis 10 Minuten lang, nachdem sie gehäutet wurden. Ein Ermittler machte Aufnahmen von einem gehäuteten Marderhund auf dem Leichenberg, der noch genug Kraft hatte, seinen blutigen Kopf zu heben und in die Kamera zu starren.

Bevor man sie bei lebendigem Leibe häutet, schleift man die Tiere aus ihren Käfigen und wirft sie zu Boden. Die Arbeiter knüppeln sie mit Metallrohren oder knallen sie mit Gewalt gegen harte Gegenstände, was zu Knochenbrüchen und Krämpfen führt, aber nicht immer zum sofortigen Tod. Und anderen die Tiere müssen hilflos mit ansehen, wie die Arbeiter sich in der Reihe vorarbeiten."

Die durch Kursivschrift hervorgehobenen Passagen, wurden einem Bericht auf der Internetseite der Tierrechtsorganisation PETA Deutschland e.V. entnommen. PETA hat mir für die Verwendung des Textes freundlicherweise die Zustimmung erteilt. Weitere Informationen über die wertvolle Arbeit, die PETA leistet, können unter **www.peta.de** nachgelesen werden. Wie gewünscht, weise ich an dieser Stelle natürlich sehr gerne darauf hin, dass es sich hierbei lediglich um einen Text, nicht aber um eine Recherche von PETA handelt. Die Recherche wurde von Swiss Animal Protection / EAST International aus dem Jahr 2015 in China durchgeführt.

Den Menschen muss endlich und dauerhaft bewusst gemacht werden, dass die billig angebotenen Kleidungsstücke eben nicht nur mit Webpelz bestückt sind. Für diesen überflüssigen Pelzbesatz musste sehr oft ein, ausschließlich zum Töten gezüchteter Marderhund, unter großen Qualen sein ohnehin schon armseliges Leben lassen.

Wie der Mensch, so haben auch Tiere jedes nur erdenkliche Recht auf Leben. Auf ein schönes und artgerechtes Leben. Wenn sich die Menschen dieser Verantwortung nicht endlich bewusstwerden, schäme ich mich dieser Spezies anzugehören.

Unweigerlich denke ich an die strahlenden Kinderaugen, beim Anblick eines mit Pelz besetzten Anoraks oder Spielzeugs unter dem Weihnachtsbaum. Können wir uns wirklich über diese Augen freuen, wenn dagegen Millionen von traurigen Tieraugen stehen?

Dass es jemanden geben könnte, der die abschließende Frage zu diesem Kapitel mit Ja beantworten würde, mag ich mir in meinen schlimmsten Träumen nicht vorstellen. Verliert bitte das qualvolle Leiden und Sterben dieser Tierchen nicht aus den Augen, wenn ihr eure nächste Kaufentscheidung zu treffen habt.

Denn damit könnt ihr doch wohl nicht leben oder etwa doch?

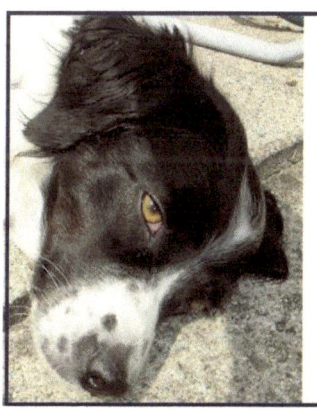

Solange
der Mensch denkt,
dass Tiere nicht
fühlen können,

müssen Tiere fühlen,
dass Menschen nicht
denken können.

Indianische Weisheit

(@Bild Christl Friedl – Text Netzfund)

Geld regiert die Welt

Auch ich muss gestehen, dass mir über viele Jahrzehnte, Geld und materielle Güter extrem wichtig waren. Das ist wohl der Lauf der Welt, gerade in jüngeren Jahren. Als ich älter wurde, begann ich immer öfter darüber nachzudenken, ob das wirklich das Wichtigste im Leben sein kann. Vor allem, wenn man irgendwann feststellt, dass diese Dinge zwar beruhigen können, wirklich glücklich machen sie aber nicht.

Menschen, die nicht zufrieden sind mit dem was sie haben, werden niemals auch nur ansatzweise zufrieden sein, mit dem, was sie noch bekommen werden. Beispiele dafür gibt es viele. Natürlich werde ich hier keine Namen nennen. Allerdings gehe ich davon aus, dass Menschen, denen Tiere wichtig sind, teilweise sehr wohl wissen, wer gemeint ist.

Würde die Gier nach dem „schnöden Mammon" bei einigen *nicht* an erster Stelle stehen, könnte es dann tatsächlich geschehen, dass …

… in einer Zeit, in der es Kühllaster gibt, immer noch „Schlachtvieh" lebendig in ferne Länder, in denen Tiere keinen Pfifferling wert sind, transportiert wird. Die Tiere werden, ohne die geringste Möglichkeit, sich zu bewegen, eingepfercht. Bereits auf ihrer letzten Reise müssen sie Hunger und Durst erleiden und sind unsäglichen Qualen ausgesetzt. Einige erreichen aufgrund der ihnen zugefügten Verletzungen von den vielen – wen wunderts – panischen Tieren mehr tot als lebendig das Ziel. Viele sind bei ihrer Ankunft bereits tot und haben das fragwürdige Glück, sich dort nicht auch noch in den Schlachthäusern, unnötigen Qualen aussetzen zu müssen.

Vor einigen Monaten wurde im TV eine Doku gesendet, in der die Zuschauer diese Prozedur mit eigenen Augen erleben konnten. Den armen Tieren wurde, nachdem sie aus dem Transporter getrieben worden waren, die Sehnen über den Hufen mit einem Messer durchtrennt. Sodass sie gezwungen waren, sich „auf Knien", über den bereits blutbesudelten Boden, zum Ort ihrer „Erlösung" zu schleppen. Immer den Geruch ihrer Vorgänger in der Nase, die diese unsägliche Tortur bereits überstanden hatten. Dass die

Tiere sehr wohl wissen, was sie am Ende ihres Weges erwarten würde, braucht man hier nicht erwähnen. Ebenso wenig die unsägliche Angst und Panik, die sich in ihrem Inneren abspielen muss.

Bereits nach wenigen Bildern, trat ich den Rückzug an und weigerte mich standhaft, diesen Horror weiter mitanzusehen. Da die Sendung spät in der Nacht wiederholt wurde, beschloss mein Mann, sie anzuschauen, wenn ich ins Bett gegangen war. Er, der nicht unbedingt dafür bekannt ist, besonders zart besaitet zu sein, gestand mir am nächsten Morgen, dass auch er die Doku nicht bis zum Ende anschauen konnte und lange vor deren Ende abschalten musste. Dass „Menschen", die dazu fähig sind, Tieren, noch kurz vor ihrem unfreiwilligen Ende, derartiges Leid zuzufügen, in meinen Augen ekelhafte und widerliche Bestien sind, muss ich hier nicht betonen.

Ach ja, heute gelesen: Männliche Kälber sind ein „Abfallprodukt" der Milchwirtschaft und werden ins Ausland „abgeschoben". Diese Aussage spricht für sich selbst. Muss man diese „Abfallprodukte" dann auch noch bis zu ihrem frühen Ende unbeschreiblich quälen? Das ist nicht nur traurig, das ist abartig, unmenschlich und krank. Ich könnte gar nicht so viel essen, wie ich bei solchen Berichten kotzen möchte.

... Kälbchen kurz nach der Geburt von ihren Müttern getrennt werden, um ihr noch so junges Leben ganz alleine in diesen winzigen Kälberboxen zu fristen? Habt ihr schon einmal die verzweifelten Schreie von Mama und Kind gehört, die diese Trennung zur Folge hat? Nun, ich habe sie nicht nur gehört, ich habe diese Prozedur auch gesehen. Ein weiterer Punkt auf meiner Liste der herzlosen Quälereien, die ich nicht mehr aus meinem Kopf herausbekommen kann.

Erst vor kurzem ging mir das Herz auf, als ich nach sehr langer Zeit einmal wieder eine Kuh sehen durfte, die auf der Weide ihr Kälbchen säugte. Schade, ich hatte leider keine Kamera zur Hand, um diesen wunderschönen, aber leider selten gewordenen Anblick, festhalten zu können. Bei diesem friedvollen Anblick stellte sich mir unweigerlich die Frage: Wie konnten wir Menschen es zulassen, dass etwas so Wundervolles und Natürliches, früher Alltägliches, inzwischen als Besonderheit betrachtet werden muss? Wie konnte es mit den Menschen nur so weit kommen, so herzlos zu werden und zuzulassen, dass Mama und Kind, ausschließlich des schnöden Mammons wegen, getrennt werden? Traurig.

… männliche Küken lebend geschreddert werden. Diese entsetzliche Prozedur hätte meines Wissens bereits im Dezember 2019 gesetzlich verboten werden sollen. Ich frage mich, aus welchem Grund die Umsetzung verschoben wurde. Gibt es tatsächlich unter den Politikern keinen mehr, der Mitleid mit diesen unschuldigen Tierchen hat? Haben inzwischen wirklich nicht mehr die Politiker, sondern eher die Wirtschaftsbosse das Zepter in der Hand? Dieser Eindruck wird immer öfter, zumindest bei mir, geweckt. Inzwischen schenke ich keiner Aussage der Politiker mehr Glauben, egal worum es geht. Erst will ich sehen, dass eine Entscheidung in die Tat umgesetzt wurde, dann glaube ich ihnen auch. Alles vorher ist doch nur leeres Gelaber und dient hauptsächlich der Jagd nach Wählerstimmen, insbesondere, wenn die Aussagen kurz vor anstehenden Wahlen gemacht werden.
Inzwischen hat die „gute" Julia Klöckner einen

neuen Termin festgelegt, den Januar 2022. Warum es mit der Umsetzung noch so lange dauern muss, kann ich nicht verstehen. Mmmmh, im Fall von Steuererhöhungen geht das wesentlich schneller. Ach, ich vergesse doch tatsächlich immer wieder, dass dann ja Geld in die Staatskasse gespült wird. Damit kann dann nicht so lange gewartet werden … logisch.

Klöckner Anhänger sind wieder einmal schwer begeistert und überschlagen sich vor Enthusiasmus. Auch das fällt mir schwer nachzuvollziehen. Hallo, das hätte bereits in 2019 geschehen sollen. Ist also eine aufgewärmte, absolut keine neue Idee. Mensch Leute, wartet mit eurer Lobhudelei doch erst einmal, ob es zu diesem Zeitpunkt dann tatsächlich umgesetzt wird. Mir stellt sich die Frage, warum man sich bis dahin nicht wenigstens für eine wesentlich humanere Tötungsform entscheidet und die Tierchen vergast, wenn es denn noch so lange dauern „muss". Ach ja, sorry, vergesse immer wieder, dass es diesen Unternehmen ausschließlich um den schnöden Mammon geht; Gas ist natürlich wesentlich teurer und schmälert den Gewinn. Dass ich Dummerle das aber auch immer wieder vergesse.

Ob Julia Klöckner wohl auch ein Haustier hat, das sie über alles liebt und ohne Ende verhätschelt? Geht sie, nachdem wieder einmal eine Entscheidung zu Ungunsten der leidenden Kreatur verschoben oder abgelehnt wurde, nach Hause und knuddelt ihren vierbeinigen Mitbewohner, der sie bereits freudig erwartet? Wäre schon traurig, wenn dem so wäre. Mehr Falschheit ginge in diesem Fall dann wohl kaum noch.

… süße, rosige Ferkel unbeschreiblichen Qualen ausgesetzt und ohne Betäubung kastriert werden. Auch dieses Thema dürfte inzwischen, durch Berichte in den Printmedien, Funk oder Fernsehen, hinlänglich bekannt sein und muss nicht weiter ausgeführt werden.

Was für Menschen sind das wohl, die dazu fähig sind, diese schreckliche Prozedur durchzuführen, ist die Frage, die sich mir immer wieder stellt. Diese Schmerzensschreie ertragen können m.E. nur Menschen, die bezüglich der Qualen, die sie den Tierchen zufügen, schon abgestumpft sind und kein Herz im Leib haben. Insbesondere Männer, die solche Verbote hinauszögern, sollten am eigenen Leib erfahren müssen, wie schmerzvoll es ist. Ich bin mir sehr sicher, sie würden ihre Entscheidungen dann sehr schnell noch einmal überdenken.

Kurz am Rande bemerkt: Wer darf sich anmaßen, lebende Wesen in Kategorien einzuteilen? Es gibt weder Nutz-, Arbeits-, Labor-, Haus-, Zirkus-, Zoo- oder was auch immer für Tiere. Es sind einfach TIERE. Lebewesen, die Leid, Schmerz, Angst und Panik, genau wie der Mensch, empfinden. Meine Meinung zu diesem Thema.

… nach wie vor Wert auf echte Daunen gelegt wird. Mit Entsetzen sahen wir vor Jahren eine Dokumentation, die aufdeckte, wie bestialisch auf einer ungarischen Gänsefarm Daunen „gewonnen" wurden. So abgebrüht kann niemand sein, dass ihn dieses Leid und die schrecklichen Schreie der armen Wesen, nicht berühren. Dieser „Mensch" saß bequem auf einem Stuhl, die Gans, die gerade „bearbeitet" wurde, wie in einem Schraubstock, zwischen seine Beine geklemmt. Auf brutalste Weise wurden ihr die Federn ausgerissen. Als er mit ihr fertig war, warf er sie hinter sich und überließ sie ihren fürchterlichen

Schmerzen. Es war kein Tier dabei, dem das Blut nicht in dünnen Bächlein, über den geschundenen Körper verteilt, heruntergelaufen ist. Danach „dürfen" diese Gänse ihr Leben weiterhin auf dieser Horrorfarm „genießen". Solange, bis ihr Federkleid nachgewachsen ist und sie die gleiche Prozedur über sich ergehen lassen müssen; immer und immer wieder. Viel Fantasie braucht es nicht, sich die unbeschreibliche Panik der anderen Gänse, die bereits wussten, dass auch sie nicht entkommen können, vorstellen zu können.

Leute, es gibt inzwischen mehr als genug hochwertige Füllmaterialien, für die kein Tier leiden musste. Das kann ich euch versichern, denn wir verzichten seitdem auf Daunen in jeglicher Form.

Während ich dabei bin, dieses Buch vor Veröffentlichung noch einmal zu überarbeiten, stoße ich zufällig auf einen Bericht mit verdeckten Aufnahmen der Tierschutzorganisation PETA. Wo anders als in China können diese Grausamkeiten wohl wieder einmal aufgenommen worden sein? In Europa soll der Lebendrupf von Gänsen inzwischen verboten worden sein. Darüber könnte ich mich jetzt wahrscheinlich sehr freuen ... wenn das Wörtchen wenn nicht wär. Denn inzwischen ist ja bekannt, wie sich das mit den Kontrollen solcher Verbote verhält. Diese finden viel zu selten, oft auch vorher angekündigt, statt. Miese Geschäftemacher wissen das ebenfalls. Somit möchte ich meine Hand nicht dafür ins Feuer legen, dass es diese Gräueltaten in Europa tatsächlich nicht mehr gibt.

Im Zuge dieser Doku habe ich die Naturfaser Kopuk kennengelernt und mich im Anschluss daran sofort im Internet „schlau" gemacht. Kapok ist eine Pflanzendaune des Kopukbaumes, auch Seidenwollbaum genannt. Die Kopukfasern sind von Natur aus mit einer dünnen Wachsschicht versehen und nehmen daher weder Wasser noch andere Flüssigkeiten auf. So eignen sich Kissen mit dieser einzigartigen Füllung auch hervorragend für den Outdoorbereich. Also ein idealer natürlicher Füllstoff für Matratzen und andere Textilien. Aus diesem Grund werden Kopukfasern bereits für Naturbettwaren verwendet. So alt kann man gar nicht werden, dass man nicht immer noch dazulernen kann. Ich bin begeistert.

Da es bei Produkten kaum eine Möglichkeit gibt, zu 100 % festzustellen, ob die verwendeten Daunen aus einem Lebendrupf stammen, sollte jeder, dem das Tierwohl am Herzen liegt, ab sofort auf Daunenprodukte jeglicher Art verzichten. Nur so kann man den gequälten Gänsen dauerhaft helfen. Denn nur, wenn kein Geld mehr damit zu verdienen ist, werden diese menschlichen Bestien ihr Geschäft mit den unschuldigen Kreaturen einstellen. Seid ihr dabei?

... „Menschen" es tatsächlich übers Herz bringen, Gänse zu stopfen, damit die sogenannte „bessere" Gesellschaft deren kranke Leber, für teures Geld, „genießen" kann. Die Prozedur ist ähnlich der oben beschriebenen. Der einzige Unterschied ist, dass diesen armen Geschöpfen ein dickes Rohr äußerst brutal in den Hals gestoßen wird. Welche schmerzhaften inneren Verletzungen das zur Folge hat, kann ich mir, auch ohne Tierärztin zu sein, sehr gut vorstellen. Die Mengen an Futter, die diesen Tieren dann eine menschliche Bestie durch dieses Rohr in den Hals stopft, steckt nicht einmal der größte Vielfraß ohne Schaden weg. Dass die sehr teure Gänseleber nichts anderes als eine krankhaft vergrößerte Leber ist, sollte inzwischen jeder wissen. Na dann, wünsche ich den Menschen, die nicht mehr wissen, wohin sonst mit ihrem Geld, guten Appetit. Ironie aus!

… Massentierhaltung betrieben und von vielen Verbrauchern stillschweigend akzeptiert wird, nur um an spottbilliges Fleisch zu kommen. Kürzlich sah ich das Foto eines Ferkels auf einem Hänger, welches sein rosiges Schnäuzchen in den frischen Fahrtwind streckte. Der Text zu diesem traurigen Foto: Einmal im Leben „dürfen" sie die Sonne sehen; auf dem Weg zum Schlachthof.

Auch die „Schweinefleischproduktion" muss hier zum Thema gemacht werden. Eine detaillierte Beschreibung kann ich mir wohl sparen. Wer kennt sie nicht, die schrecklichen Bilder aus diversen Fernsehdokumentationen oder dem Internet, die es in der Zwischenzeit reichlich gibt? Außer vielleicht jene Mitmenschen, die es bevorzugen um- oder abzuschalten, um sich ihr reines Gewissen zu bewahren und deren Lebensmotto ist: Was ich nicht weiß, macht mich nicht heiß. Welcher „Mensch" kann in diesen Zuchtbetrieben arbeiten und schafft es tatsächlich, sich jeden Tag anzuschauen, dass Muttersäue in enge Gitter eingequetscht werden. Liegend, wohlgemerkt, denn um aufzustehen oder sich auch nur umzudrehen, fehlt der Platz. Mamas, denen es unmöglich ist, sich um ihre neugeborenen Babys zu kümmern, wie es von der Natur vorgesehen ist. Na ja, ist wohl in den Augen geldgeiler Unternehmer auch nicht notwendig; denn die einzige Aufgabe dieser gequälten Tiere besteht darin, Ferkel zu gebären. Ferkel, die nicht die geringste Chance haben, ihr Leben auch nur ansatzweise zu genießen. Sie werden umgehend getötet, um die Discounter und „Billigfleischgenießer" mit Fleisch zu Spottpreisen versorgen zu können. Jeder, der täglich billiges Fleisch vom Discounter isst, muss es sich gefallen lassen, als indirekter Tierquäler bezeichnet zu werden. Denn SIE sind die wahren Schuldigen. SIE dürfen sich diese Tierquälerei auf die Fahne schreiben. Ja, das sage ich ganz ohne schlechtes Gewissen. Genau wie diese Menschen kein schlechtes Gewissen haben, das billige Fleisch zu kaufen, obwohl sie sehr wohl wissen, wie es „produziert" wurde. Pfui Teufel.

An den Tag, seitdem ich kein Kalbfleisch mehr angerührt habe, kann ich mich noch sehr genau erinnern. Auf dem mittleren Ring in München musste ich an einer roten Ampel anhalten. Links neben mir ein Viehtransporter, der offensichtlich auf dem Weg zum nahen Schlachthof war. Den Blick aus den großen braunen Augen der Kälbchen, die er „geladen" hatte, vergesse ich nie wieder.

Unseren Fleischkonsum haben wir inzwischen auf 1 bis höchstens 2 x pro Woche reduziert. Tierkinder habe ich auch vorher nicht gegessen. Für mich ein fast unerträglicher Gedanke, dass für Ostern Lämmer in Massen „produziert" werden, anders kann man es nicht nennen. Dass ich überzeugte Atheistin bin, spielt dabei keine Rolle. Egal um welche Tiermama es sich handelt, jede leidet ebenso wie ihr Baby, wenn ihr dieses, bereits kurz nach der Geburt, entrissen wird. Ihre Babys landen beim Schlachter und auf dem Teller der Menschen, noch bevor sie ein tiergerechtes Leben führen durften.

Meine Mutter, die gerne Lammhaxe isst, bekam meinen Unwillen bereits oft zu spüren und bestellt dieses Gericht, zumindest in meinem Beisein, lieber nicht mehr. Wenn sie das lebende Tierchen sehen würde, könnte sie es auch nicht verantworten, dass es extra für sie getötet werden würde. Im Restaurant und in der Fleischtheke ist es doch bereits tot und musste nicht ihretwegen sterben. Was für ein Schwachsinn ist das denn? Sie liebt nun mal das schmackhafte, ach so zarte Lammfleisch. Meine Antwort darauf ist immer die gleiche: Wenn sie dich bereits als Baby geschlachtet hätten, wäre dein Fleisch auch noch genießbar und nicht so zäh wie heute gewesen. Gut, der Vergleich mag hinken. Aber wie sonst könnte ich das einer 90-jährigen Frau besser verdeutlichen?

Berührt euch das alles nicht? Mich schon. Auch hier werde ich euch von den entsprechenden Fotos verschonen. Euer Mut, dieses Buch gekauft und gelesen zu haben, muss ja auch irgendwie belohnt werden. Es reicht schon, wenn ich alle diese Fotos nicht mehr aus dem Kopf bekomme; teilweise auch solche, die ich bereits vor vielen Jahren sah bzw. sehen musste.

Natürlich kann und will ich dieses Kapitel nicht abschließen, ohne meinen speziellen „Freunden", den Asiaten, Aufmerksamkeit zu schenken. Vieles, das auf ihrem täglichen Speiseplan steht, ist extrem ekelhaft. Diesen Genuss kann ich weder nachvollziehen, noch will ich es.

Berichten oder Dokus über unmenschliche Quälerei kann man sich kaum entziehen. Bereits nach wenigen Minuten kämpfe ich meistens schon mit mir, einfach ab- oder umzuschalten; zwinge mich dann trotzdem, diese Sendungen zu Ende anzuschauen. Oft weil ich es kaum glauben kann, dass diese Dinge wirklich passieren, weil sie außerhalb (fast) jeder menschlichen Vorstellung liegen.

Da das Fernsehprogramm in der Regel immer billiger und primitiver wird, schauen wir uns oft und gerne informative Magazine an. Was ich vor einigen Monaten sah, lässt mich vermuten, dass diese Quälerei keinem normal funktionierenden menschlichen Gehirn entspringen kann.

Ich würde lügen, wenn ich noch wüsste, in welchem Land dieses „Filmchen" aufgenommen wurde. Aber daran, dass es sich in einem asiatischen Land ereignete, weiß ich noch sehr genau. In einem Geschäft, wahrscheinlich einer Apotheke, wurde ein Schwarzbär „gehalten". Dieses arme Tier saß in einem Käfig, der nur minimal größer war, als der Bär selbst. Aufgrund der Enge konnte er weder aufstehen noch sich umdrehen. Zeit seines Lebens sitzt er in diesem viel zu engen Käfig fest, bekommt sein Futter durch die Stäbe gereicht und wartet ausschließlich darauf, dass ihm auf Wunsch eines Kunden, mit einer Spritze Gallensaft entnommen wird.

Wofür? Wie so oft im asiatischen Raum, müssen Tiere (im für sie günstigsten Fall) ihr Leben lassen oder werden, wie eben dieser Bär, bis aufs Blut gequält, um die Potenz zu steigern. Ganz davon abgesehen, dass diese Wirkung überhaupt nicht nachweisbar ist, scheint Asien ein Land zu sein, in dem es von impotenten Männern wimmelt. Kleiner Tipp von mir: Wenn es nicht auf normalem Weg funktioniert, dann lasst es doch einfach sein. Sex wird generell überbewertet.

Wahrscheinlich würde es auch helfen, diese Männer davon in Kenntnis zu setzen, dass bereits ein Medikament auf dem Markt verfügbar ist, welches ihre Männlichkeit nachweislich unterstützen kann und für das kein Tier in seiner Freiheit beschränkt werden, leiden oder getötet werden muss: VIAGRA.

Es würde mich nicht erstaunen, wenn Viagra

nicht sogar billigst in China produziert werden würde. In diesem Fall wird es wahrscheinlich lieber für gutes Geld in den Rest der Welt verkauft und man selbst „bedient" sich der im Land verfügbaren Tierwelt. Die Wirkung ist zwar nicht nachgewiesen, aber immerhin kostet es nichts. Vom Leben so vieler unschuldiger Tiere mal abgesehen. Wie inzwischen bekannt ist, kann auch der Placeboeffekt Wunder wirken. Na ja, Einbildung ist eben doch eine Bildung. Wenn es nicht so traurig wäre, könnte ich sogar darüber lachen.

Im Normalfall sieht man vereinzelte Berichte über Tierquälereien in den Printmedien oder im TV. Der eine oder andere ist bereits darüber entsetzt. Werden einem dann aber in einem Buch die Leiden der Tiere geballt vor Augen geführt, schaut es anders aus. Erst dann wird vielen die ganze Tragweite dessen bewusst, was unseren tierischen Freunden, sehr oft täglich, angetan wird. Genau das soll TIERLEID den Menschen nahebringen.

Für alles, das in diesem Kapitel geschildert wurde, gibt es meiner Meinung nach, in der Hauptsache zwei Gründe. Weil es ...

... gierige Geschäftemacher gibt, die weder

ein schlechtes Gewissen noch Hemmungen haben, ihre dicken Bankkonten durch die Qual unschuldige Tiere, zu füllen.

… Menschen gibt, die der Meinung sind, ohne täglichen „Fleischgenuss", am liebsten noch morgens, mittags und abends, nicht leben zu können. Leute, Fleisch in Unmengen zu verzehren ist extrem ungesund. Fleischesser hören das nicht gerne. Meine Blutwerte waren noch nie so perfekt wie jetzt, seit ich dazu übergegangen bin, Wurst komplett von meinem Speiseplan zu streichen und Fleisch nur noch sehr selten und in Maßen, zu verzehren.

Bereits durch minimale Veränderungen des eigenen Konsumverhaltens könnte schon sehr viel zum Wohl der Tiere beigetragen werden. Es ist so einfach und tut nicht weh. Ist euch das billige Fleisch oder echter Pelz tatsächlich so wichtig, um dafür die Qual so vieler unschuldiger Tiere verantworten zu können?

Wer könnte denn damit leben?

Urlaub,
die schönste Zeit des Jahres?

Stimmt nur bedingt; je nachdem aus welcher Perspektive man diese Aussage betrachtet. Aus Sicht der Touristen wohl schon; viele der Tiere in den jeweiligen Urlaubsorten werden das, könnten sie denn sprechen, sicher nicht bestätigen.

Ohne Hirn und Verstand, wird Griechenland- oder Ägypten Urlaubern empfohlen, keinesfalls einen Ritt auf einem Esel oder einem Kamel zu versäumen. In afrikanischen oder indischen Urlaubsländern ist der Ritt auf Elefanten das Ziel der Begierde, des ach so gestressten arbeitenden Volkes.

Habt ihr schon einmal sehen können, wie bereits sehr junge Elefanten „trainiert" werden, um einen Menschen überhaupt auf ihren Rücken zu ertragen? Nun, ich habe es mir vor langer Zeit angeschaut. Sie werden, umgeben von dicken Holzstämmen eingepfercht, ohne die geringste Bewegungsfreiheit. Dann werden sie mit Seilen und dicken Knüppeln „bearbeitet", bis auch das letzte bisschen Wille zum Widerstand gebrochen ist. Für die Tiere ist es, nach dieser schrecklichen Prozedur, in der Tat das kleinere Übel, Touristen auf sich zu spüren, als die fürchterlichen Schmerzen weiter ertragen zu müssen. Menschen, die von ihrem ach so tollen Urlaubserlebnis, dem Ritt auf einem Elefanten, schwärmen und davon auch noch Bilder posten, haben in meinem Freundes- oder Bekanntenkreis definitiv nichts mehr zu suchen.

Selbiges gilt für Ausflüge auf dem Rücken von Eselchen oder Kamelen. Die Verniedlichung „Eselchen" benutze ich durchaus bewusst. Denn wer hat noch nie einen der oft krankhaft fetten Menschen gesehen, die sich von winzigen Eseln (zumindest kommt es einem in diesem Verhältnis so vor) bei sengender Hitze auf Santorini oder in einem anderen Urlaubsland einen Berg hochschleppen lassen. SIE halten natürlich eine Wasserflasche in Händen, damit sie die große Hitze nur ja aushalten und den Wasserverlust umgehend ausgleichen können. Ganz im Gegensatz zu den armen Tieren, die oft nicht einmal am Zielort ausreichend Wasser und Nahrung bekommen. Bleiben sie aus Erschöpfung stehen, werden sie von ihren

„verantwortungsvollen" Besitzern mit einem Knüppel geschlagen. Ach ja, die Sturheit der Esel kennt man ja. Ironie aus.

Meiner Meinung nach, wären solche Menschen besser beraten, sich, nicht zuletzt aus gesundheitlichen Gründen, auf eigenen Beinen fortzubewegen, wenn sie ihren Urlaubsort unbedingt von „oben" bestaunen wollen. Nein? Viel zu anstrengend? Gut, dann genießt doch bitte euren Urlaub mit gutem Essen und in einer bequemen Liege am Strand. Deshalb seid ihr doch in den Urlaub geflogen und nicht um die Tiere zu quälen und ihren gewissenlosen Besitzern dafür auch noch Kohle in den Rachen zu werfen. Oder etwa nicht?

Sicher gönnt sich auch so mancher gepiercte Mitmensch dieses fragwürdige Vergnügen. Tattoos trage auch ich und sie gefallen mir sehr. Im Gegensatz zu vielen anderen, finde ich sogar Ganzkörpertattoos toll, wenn sie denn zum Typ des Trägers bzw. der Trägerin passen. Im Gegensatz dazu kann ich es mir nicht vorstellen, dass man sich freiwillig der schmerzlichen Tortour des Piercings aussetzt. Dafür bin ich dann wohl doch zu wehleidig. Besonders schmerzhaft stelle ich es mir vor, wenn ein Ring durch die Nase gezogen wird. Wie man weiß, ist die Nase ein extrem empfindliches Sinnesorgan. Ganz besonders bei Pferden und jeglicher Art von Unpaarhufern. In den Nüstern sitzen sehr viele feine Härchen, die nicht ausschließlich der Atmung dienen. Sie ermöglichen den Tieren auch die Kontaktaufnahme sowie Kommunikation mit anderen Lebewesen und sind nicht zuletzt für den Tastsinn extrem wichtig. Im Gegensatz zum Menschen würden sich diese Tiere daher keinesfalls freiwillig für einen Nasenring als Schmuckstück entscheiden. Trotzdem sieht man nicht selten Unpaarhufer, die die fragwürdige Ehre haben, einen Nasenring tragen zu „dürfen". Dass dieser in ihrem Fall nicht der „Schönheit" dient, brauche ich sicher nicht zu betonen. Er dient lediglich ihren Besitzern, sie auf sehr einfache und unvorstellbar schmerzvolle Weise gefügig zu machen. Kein Tier hat es verdient, dass ihm solche Leiden zugefügt werden. So viel Vorstellungskraft und Fantasie muss man, so denke ich, auch vom dümmsten Touristen erwarten können.

Vielleicht lasst ihr euch lieber in Wasserparks von abgerichteten Delphinen und Walen bespaßen. Na und? Dieses tolle Erlebnis für die ganze Familie hat doch wohl mit Tierquälerei nicht das Geringste zu tun. Nun ja, zumindest laufen diese Tiere nicht Gefahr, ihr Leben in den mit Plastik zugemüllten Meeren zu verlieren. Darüber könnte man doch tatsächlich ins Grübeln kommen und überlegen, welches das kleinere Übel ist. Das hieße dann wohl, den Teufel mit dem Beelzebub austreiben. Jedes Tier, ob zu Wasser oder zu Land, das seines natürlichen Lebensraums beraubt und dazu gezwungen wird, nicht artgerechte Verhaltensweisen an den Tag zu legen, leidet. Erstaunt? Verwundert? So hat das noch niemand betrachtet? Gut, es sei euch noch einmal verziehen. Aber ab jetzt wisst ihr es ja besser. Ergo ... bitte künftig erst Hirn einschalten und ein Urlaubsvergnügen suchen, das kein Lebewesen dazu zwingt, nicht artgerecht leben zu dürfen.

Kaum zu glauben, dass es immer noch schlimmer geht. Wahrscheinlich wundert es inzwischen keinen mehr, dass ich noch etwas auf Lager habe. Stiere in Pamplona durch die Gassen zu treiben und auf Menschenmassen loszulassen oder einen, in Spanien so beliebten, traditionellen Stierkampf zu besuchen, darf hier keinesfalls vergessen werden. Das Wort „Kampf" erscheint in diesem Zusammenhang fast lächerlich, wenn es nicht so traurig wäre. Von einem Kampf kann man nur bei Gegnern sprechen, die diese Entscheidung aus eigenem Willen treffen, die Arena unter gleichen Voraussetzungen und mit gleichen Waffen betreten. Diese Stiere, die von vorneherein dazu verdammt sind zu sterben, haben keine reelle Chance, dieses fragwürdige Spektakel zu überleben. Unbegreiflich, dass es im 21. Jahrhundert immer noch Menschen gibt, die sich über diesen ungleichen Kampf amüsieren können und dafür tatsächlich Geld ausgeben. Inzwischen kämpfen einige Organisationen unermüdlich und ohne aufzugeben, dafür, dass diesem Wahnsinn ein Ende gesetzt wird. Leider sind deren zahlreiche Aktionen und Petitionen bisher nicht von Erfolg gekrönt. Aber bekanntlich höhlt steter Tropfen den Stein. Ich wünsche mir von Herzen, dass sich dieser Spruch eines hoffentlich nicht zu fernen Tages doch noch bewahrheiten wird.

Viel zu selten gelingt es einem der Stiere einen Torero auf die Hörner zu spießen oder einer der

Vollidioten, die an dieser „Jagd" in Pamplona teilnehmen, wird von einem panischen Stier niedergetrampelt. Muss man Mitleid haben, wenn die ihnen zugefügten Verletzungen tödlich sind? In dieser Hinsicht kann man mich gerne ebenfalls als Bestie bezeichnen, denn mir bereitet es diebische Freude, so etwas zu hören. Zu schade, dass ich nicht unfehlbar bin. Stierkämpfe mit Tradition zu entschuldigen, ist Schwachsinn. Die Tradition der Hexenverbrennungen gibt es inzwischen auch nicht mehr. Soviel dazu.

Könntet ihr euch vorstellen, dass Menschen ihrem Baby die Beine brechen würden, damit es, um ein schönes Erinnerungsfoto zu bekommen, ruhig sitzen bleibt? Nein? Nun, bei einem Löwenbaby sinkt diese Hemmschwelle nachweislich unter 0 ... zumindest in Russland. Ohne mit der Wimper zu zucken wird das dort diesen süßen Kerlchen angetan. Was macht man doch nicht alles, damit Urlauber Kohle locker machen. Natürlich immer vorausgesetzt man ist nicht selbst der Leidtragende, der diese unbeschreiblichen Qualen am eigenen Leib ertragen muss. Die Tiere leiden für ein Foto, das nach dem Urlaub, wie viele andere auch, in Alben verschwindet und höchstwahrscheinlich nie mehr angeschaut wird. Na ja, was anderes könnte man von einem Land auch erwarten, das an Autobahnratsstätten, lediglich zur „Bespaßung" der Menschen, Bären in kleinen Käfigen mit Betonböden vor sich hinvegetieren lässt? Pfui Teufel, etwas anderes fällt mir dazu wirklich nicht mehr ein.

Alles unvergessliche Urlaubserlebnisse, die man keinesfalls versäumen darf. Wohlgemerkt: Das gilt für die Menschen, für die gequälten Tiere ganz sicher nicht. Ja, ihr versteht mich schon richtig, alles das ist Tierquälerei, die nur durch Touristen, die dafür bezahlen, möglich gemacht wird.

Zu Hause wird dann wieder das Hündchen oder Kätzchen geknuddelt und sich voller Entsetzen über Tierquäler aufgeregt. Um Himmels willen, wie schrecklich, wie kann man denn nur? Schade, dass der gesunde Menschenverstand oft in der Heimat zurückgelassen wird und diese große Tierliebe im Urlaub Pause hat. Wie krank ist das denn?

Bekannt dürfte ebenfalls sein, dass alles das auch für Zirkustiere und Pferde auf Volksfesten gilt, die fast ihr ganzes Leben ausschließlich damit verbringen, im Kreis zu laufen. Der unvergleichliche Zirkus Roncalli hat hinlänglich bewiesen, dass man Menschen auch begeistern und Erfolg haben kann, ohne dafür Tiere in die Manege zwingen und ihnen Leid zufügen zu müssen.

Solange es immer noch Menschen gibt, die meinen sich an Zirkustieren ergötzen zu müssen, die es begeistert, ihre Kinder auf dem Rücken von Pferden für einige Runden im Kreis „reiten" zu sehen und das dann auch noch im Bild festhalten müssen, wird sich auch hier leider nichts ändern.

Es ist einzig und allein deren Verantwortung, dass diese Tiere leiden müssen.

Könntest DU damit leben?

Bestie Mensch

„Man muss nicht alles verstehen" ist ein Satz, den man von mir häufig hört. Die fast unvorstellbaren Grausamkeiten, über die ich in diesem Kapitel berichten werde, kann ich nicht nur nicht verstehen, sie sind extrem ekelhaft und widern mich unbeschreiblich an. Ein Foto, das ich vor längerer Zeit im Internet gesehen hatte, zeigte einen riesigen weißen Hai, daneben einen Taucher. Den Text dazu kann ich inzwischen nicht mehr wortwörtlich wiedergeben. Die Aussage jedenfalls war, dass das Foto eine extrem gefährliche Bestie zeigt, vor der man sich in Acht nehmen sollte und daneben sieht man ... einen weißen Hai. Besser hätte man das nicht beschreiben können.

Verzeiht mir bitte, sollte ich mich wiederholen; die traurige Tatsache, dass vor dem Gesetz Tiere unverständlicherweise immer noch als Sache bezeichnet werden, ist meiner Meinung nach eines der größten Probleme und spielt Tierquälern in die Hände. Die geringen Strafen, die diese zu erwarten haben, sind meistens nicht der Rede wert und schrecken nicht einen einzigen ab. Diese Bestien stecken die doch mit lächelnder Miene weg und machen weiter wie vorher. Obwohl ich erfreulicherweise seit einiger Zeit eine positive Veränderung vonseiten der Rechtsprechung feststellen kann, sind die Strafen immer noch nicht hoch genug. Jeder Steuerhinterzieher wird in Deutschland härter bestraft, als ein Kretin, der Tieren unsägliches Leid zugefügt hat. Na ja, gut, wird der Staat von einem Prominenten betrogen, hat auch dieser in Sachen Steuerhinterziehung, keine so hohe Strafe zu erwarten wie Otto Normalverbraucher. Wie man weiß, war die Welt noch nie gerecht und wird es auch niemals sein

Zurück zu meinem eigentlichen Anliegen: Ein Tier als Sache zu bezeichnen ist unmenschlich. Tiere sind lebende Wesen, mit mehr Empathie und einem liebenswerteren Charakter als ihn so mancher Mensch an den Tag legt. Jedes einzelne von ihnen hat ein Recht darauf, ein schönes, langes und behütetes Leben führen zu können. Logischerweise handeln die meisten Tierquäler im Verborgenen und können lediglich in Ausnahmefällen und nur mit sehr, sehr viel Glück aufgespürt und zur Rechenschaft gezogen werden.

Tiere sind ausnahmslos wertvolle Lebewesen; nicht selten wesentlich wertvoller als so mancher Mitbürger. Sie haben empfindliche Seelen und leiden nicht nur körperlich an ihnen zugefügten Schmerzen. Solange dieses Gesetz nicht geändert wird, sehe ich keine reelle Chance, Tierschändern Einhalt gebieten zu können. Eine Änderung ist schon lange überfällig, ansonsten wird der unermüdliche Einsatz von Tierschützern auf immer und ewig eine Sisyphusarbeit bleiben. Alle Tiere dieser Welt brauchen unsere Stimme und Unterstützung, denn sie selbst haben keine Möglichkeit, sich gegen ihre Peiniger zur Wehr zu setzen.

Über die Leiden der Marderhunde in China habe ich bereits berichtet. Dass Hunde- und Katzenfleisch eine Delikatesse in vielen asiatischen Ländern ist, dürfte sich herumgesprochen haben. Meine Mutter verweigert chinesisches Essen, da sie den Chinesen ankreidet, ihre Lieblingstiere, Hunde, zu verspeisen. Für Hundehalter, die ihre vierbeinigen Freunde über alles lieben, zugegebenermaßen eine mehr als entsetzliche Vorstellung. Trotzdem gebe ich auch immer wieder zu bedenken, dass Inder über uns genau die gleiche Meinung haben werden. Denn auf unserem Speisezettel stehen Kühe, in ihrem Land heilige Tiere.

Andere Länder, andere Sitten. Nicht zu entschuldigen ist aber, dass diese Hunde, bevor sie geschlachtet werden, unsäglich gequält werden. Sie werden, einer neben dem anderen, mit zusammen gebundenen Hinterläufen aufgehängt und täglich mit Knüppeln durchgeprügelt. Das Fleisch würde dadurch angeblich zarter werden.

Passt irgendwie zu einem Volk, das sich ebenso so gerne lebende Tiere, wie Tintenfische, schmecken lässt, das sich anmaßt, zur Unterstützung der männlichen Potenz, ganze Tierarten ausrotten zu dürfen.

Da zumindest Höflichkeit in China großgeschrieben wird, unterdrücke ich die Worte, die mir unweigerlich in den Sinn kommen. Sicher darf man dieses Handeln nicht allen Asiaten unterstellen. Es scheint in der Zwischenzeit viele zu geben, die sich an Hunden und Katzen lieber als Haustier, als auf dem Teller erfreuen. Bei der Vorstellung, was den Tieren von der Mehrheit immer noch angetan wird, kann ich gar nicht so viel essen, wie ich kotzen möchte.

Darüber, ob folgendes Thema diesem Kapitel zugeordnet werden kann, lässt sich streiten. Da dieses Buch aber auf meiner ganz persönlichen Meinung basiert, gehört es sehr wohl dazu.

Vor einigen Jahren verlegten wir unseren Wohnsitz von der Stadt aufs Land. Nach, ich muss gestehen, in meinem Fall sehr langer Phase der Eingewöhnung, fühle ich mich inzwischen pudelwohl in meiner neuen Heimat. Ich freue mich wie eine Schneekönigin, wenn ich das große Glück habe, am Waldrand eine Ricke mit ihrem Kitz oder auch Hasen, die fröhlich miteinander toben, zu entdecken. Daher werde ich auch nie verstehen können, dass es Jäger fertigbringen können, diese wunderschönen Bewohner des Waldes abzuknallen.

Es bricht mir fast das Herz, wenn ich bei der Gassi Runde mit unserer Hündin am Grundstück eines Jägers vorbeikomme und mich dort mit herumhängenden toten Wildtieren konfrontiert sehe. Die sterblichen Überreste, die hin und wieder in offenen Boxen, außerhalb des Grundstücks, deponiert werden, ziehen unsere Hündin natürlich an wie ein Magnet. Oft sehe ich mich völlig unvorbereitet damit konfrontiert, ihr Hasenohren aus dem Maul reißen zu müssen oder komme nicht umhin, in die toten Augen des abgetrennten Kopfes eines Rehs zu blicken. Im Gegensatz zu unserer Bella hält sich meine Begeisterung über diese „Funde" sehr in Grenzen.

Unzählige Male habe ich mit Jägern auf Instagram dieses Thema bereits diskutiert. Nach einiger Zeit hat jeder das Handtuch geschmissen und ist kommentarlos wieder in der Versenkung verschwunden. Zeitgenossen, die auf Biegen und Brechen an ihrer vorgefassten Meinung festhalten, kann ich im Grunde meines Herzens absolut nicht ausstehen. Geht es aber um das Thema Tiere und Jagd, muss ich wohl oder übel dieser „Spezies" zugeordnet werden und daran wird sich auch mit an Sicherheit grenzender Wahrscheinlichkeit niemals etwas ändern.

„Die Population muss reguliert werden, sonst nehmen die Wildtiere überhand". Aha und warum ist das wohl so?

Wenn der Mensch durch Abholzung der Wälder, nicht kontinuierlich dafür sorgen würde, dass das Wild immer mehr und mehr seines natürlichen Lebensraums beraubt wird, wäre das definitiv nicht nötig. Nähern sich diese armen Wesen dann in ihrer Verzweiflung menschlichen Wohngebieten, ob aus Platzmangel oder weil sie in den ihnen verbliebenen kleinen Arealen nicht mehr ausreichend Futter finden, werden sie ebenfalls unbarmherzig abgeknallt. Entweder, weil sich die selbst ernannte Krone der Schöpfung durch sie belästigt oder gar bedroht fühlen. Wie lächerlich ist das denn? Wer wird hier wohl von wem bedroht?

Auch als bekennende Gegnerin der Jagd in jeglicher Form, bin ich durchaus bereit, mir gegensätzliche Meinungen anzuhören. Immer vorausgesetzt, diese Meinungsäußerung erfolgt in höflicher Form. So ergab es sich vor einiger Zeit, dass ich mit einem Jäger ins Gespräch kam. Was er mir erzählte, erstaunte mich sehr und veranlasste mich dann doch, meine Meinung in Bezug auf Jäger zu überdenken und teilweise zu revidierten. Zumindest in seinem Fall. Man möchte es nicht meinen, aber auch ich bin lernfähig, wenn mir jemand sein Handeln und seinen Standpunkt glaubhaft vermitteln kann.

Er erzählte mir von den Besitzern der Wälder, in denen sich die jeweiligen Jagden befinden. Was ich zu hören bekam, entsetzte mich zutiefst. Manche dieser Verpächter würden es in der Tat gerne sehen, wenn alle Wildtiere abgeschossen werden könnten, um die Bäume, die bekanntlich zu deren Nahrung gehören, vor ihnen zu schützen. Dabei sollten die Jäger weder vor trächtigen noch vor Muttertieren Halt machen. Er erzählte mir von Treffen, auf denen es oft sehr lautstark zur Sache gehen würde, da sich zumindest die verantwortungsvolle Jägergilde weigert, dem Wunsch dieser Waldbesitzer Folge zu leisten. Nicht selten wird dabei auch angedroht, dass, wenn sie nicht endlich wesentlich mehr Abschüsse tätigen würden, ihnen durchaus die Jagd entzogen werden könnte.

Kein Jäger wäre ein kaltherziger Killer, der aus Spaß am Töten dem Leben der Wildtiere ein Ende setzen möchte. Kein einziger Teil der toten Tiere würde auf dem Müll landen. Der komplette Tierkörper würde ohne Einschränkung verwendet werden. Es war ein angenehmes, ohne Emotionen, geführtes Gespräch. Er konnte mir seinen Standpunkt glaubhaft vermitteln und ich schenkte seinen

Ausführungen doch tatsächlich Glauben. Zumindest zum Teil. Denn, auch wenn ein Großteil der Jäger nach, den von ihm beschriebenen Gesichtspunkten handelt, bin ich immer noch der Überzeugung, dass auch so mancher unter ihnen ist, dem das Töten Freude bereitet. Der es genießt, seine Macht über Leben und Tod der Waldbewohner auszuspielen und der Lust am Töten ungestraft nachgehen zu können. Gelernt habe ich zumindest, dass man, auch hier, nicht alle über einen Kamm scheren sollte.

So weit, so gut. Wildtiere mit einem gezielten Schuss zu töten ist das eine, ein Tier zu Tode zu hetzen das andere. Die Hetzjagd, meines Wissens in Deutschland verboten, ist dafür ein gutes Beispiel. Dass Ignoranten immer einen Weg finden, Verbote zu umgehen, weiß man. Ich möchte hier niemandem etwas unterstellen, aber das haben mir bisherige Erfahrungen nicht selten gezeigt. Sollte die Fuchsjagd in der Tat in Deutschland, nicht mehr stattfinden, so betrifft dieses Verbot nicht alle europäischen Länder. Vielleicht gibt es tatsächlich jemanden, der meint, mir verständlich erklären zu können, was Menschen dazu treibt, einen total verängstigten Fuchs zu Pferd, oft von bis zu 20 blutgierigen Jagdhunden begleitet, zu Tode zu hetzen. Wenn das arme Tier dann völlig kraftlos aufgeben muss, wird es von der Hundemeute zu guter Letzt bei lebendigem Leib zerfetzt. Auch wieder ein Kampf, bei dem der Verlierer bereits von Anfang an feststeht. Gibt es tatsächlich Menschen, die sich nicht schämen, diese Jagd auch noch als Sport zu bezeichnen? Sollte das der Wahrheit entsprechen, kann ich wieder einmal nicht so viel essen, wie ich kotzen möchte.

Sodomie ist sicher jedem ein Begriff und auch die Tatsache, dass diese in Deutschland schon sehr lange unter Strafe verboten ist. Was ich von diesen Typen denke, spare ich mir auszuführen. Ich hoffe aber, dass „er" ihnen abfault, wenn ihr versteht, was ich meine.

Dass es in Asien Puffs gibt, in denen Prostituierte durch Menschenaffen „ersetzt" werden, wundert einen nicht mehr, wenn man weiß, was unschuldigen Tieren in diesem Teil der Erde täglich angetan wird. Dass es aber auch in Deutschland Männer gibt, die sich an Tieren vergehen, sie vergewaltigen und quälen, ist schier unglaublich.

Vor einiger Zeit wurde im TV über ein Pony

berichtet, das vergewaltigt wurde. Das arme Kerlchen hat zwar überlebt, lässt aber seit dieser schrecklichen Erfahrung, kaum mehr einen Menschen in seine Nähe. Ein Tierpsychologe bemüht sich um das Pferdchen und hofft ihm wieder ein angstfreies Leben ermöglichen zu können. Es wird sehr viel Geduld, Zeit und auch Arbeit erforderlich sein. Trotzdem versichert er, nicht aufzugeben, um diesem Pony das Vertrauen in die Menschen wieder zurückgeben zu können.

Ein vor einigen Monaten in unserer regionalen Zeitung erschienener Artikel, zeigte mir, dass diese kranken Kreaturen sogar in unserer näheren Umgebung ihr Unwesen treiben. Diese Irren sind sehr oft wesentlich näher als man denkt.

Eines Morgens stellte eine Schafzüchterin fest, dass die Türe zum Schafstall aufgebrochen worden war. Auf den Schock, der sie erwartete, war sie nicht vorbereitet und traute ihren Augen kaum. Inmitten der Herde lag eines der Schafe schwer verletzt und stark blutend am Boden. Der alarmierte Tierarzt stellte fest, dass das Tier am After und auch im Genitalbereich aufs schwerste verletzt war. Ohne jeden Zweifel konnte es für diese

Verletzungen nur eine Erklärung geben; auch dieses Schaf war bestialisch vergewaltigt worden. Anzunehmen war, dass das schwer verletzte Tier seit mehreren Stunden leiden musste. Rettung für das Tier gab es auch in diesem Fall nicht mehr. Es konnte nur noch durch einen gnädigen Tod, durch die Todesspritze, von seinen Leiden erlöst werden.

Last but not least denke ich an das Foto eines Pferdes, das ich bereits vor vielen Jahren sah. Dieses Tier genoss die warme Sommernacht auf der Koppel, nicht ahnend, dass sich ein unvorstellbar qualvoller Tod bereits auf den Weg zu ihm gemacht hatte. Als es von der Bestie gelockt wurde, lief es wahrscheinlich erfreut darauf zu, da es bisher noch keine schlimme Erfahrung mit Menschen machen musste und nur Gutes mit ihnen verband. Das sollte sich in dieser Nacht, schlagartig und mit tödlichem Ausgang, ändern.

Von einer detaillierten Beschreibung möchte ich, aus sicherlich nachvollziehbaren Gründen, hier absehen. Die Besitzerin, die sich darauf freute, mit ihrem Pferd auszureiten, fand es qualvoll verendet vor. Ihm wurde eine lange, sehr dicke Eisenstange vom After aus durch die Bauchdecke gestoßen. Die brachiale Gewalt, die dabei aufgewendet werden musste, lässt vermuten, dass hier nicht eine Einzelperson, sondern gleich ein ganzer Club von menschlichen Kretins tätig geworden war.

Als überzeugte Atheistin höre ich ausschließlich darauf, was mein Herz mir sagt und handle auch entsprechend. Dass die „Sache" mit dem Karma stimmt, wünsche ich mir aus ganzem Herzen. Denn dann wird dieses bei jedem einzelnen Tierquäler und Tierschänder, eines Tages erbarmungslos zuschlagen. Sie werden das zweifelhafte Vergnügen haben, die Leiden, die sie allen diesen Tieren so erbarmungslos zugefügt haben, am eigenen Leib spüren. Sie werden ebenso leiden und qualvoll verrecken. Der Gedanke daran lässt mich darauf hoffen, dass sie doch noch zur Rechenschaft gezogen werden ... irgendwann.

Wenn ich es nicht, durch zahlreiche Kontakte mit ebenfalls tierliebenden Menschen besser wüsste, würden mich diese Bestien an der gesamten Menschheit verzweifeln lassen.

Wie könnte ICH sonst damit leben?

Großwildjagd

In den Kreisen, in denen ich mich in meiner Jugend bewegte, waren protzige Autos wie Porsche, Mercedes und Co. verpönt und wurden gerne als „Schwanzverlängerung" bezeichnet.

Auch heute noch sehe ich ein Auto als Mittel zum Zweck, das lediglich eine Aufgabe zu erfüllen hat; mich von einem Ort zum anderen zu bringen. Ganz davon abgesehen, dass ich mir diese Autos nicht leisten könnte, würde es mir auch im umgekehrten Fall nie einfallen, einen gehobenen Status auf diese Art hervorzuheben. Mein Traumauto ist ein alter Bully Samba, beklebt mit bunten Prilblumen. Ein Auto, das Freiheit, wunderschöne Erinnerungen und ein ganz besonderes Lebensgefühl vermittelt, damals wie heute. Leider wird auch das ein schöner Traum bleiben. Denn die Preise für einen restaurierten Bully belaufen sich auf 60K bis 100K Euro. Egal, wie langweilig wäre das Leben ohne unerfüllte Träume?

Im Gegensatz zu damals sehe ich heute vieles

wesentlich entspannter, so auch Menschen, die meinen ohne ihre PS Schleudern nicht leben zu können. Soll doch jeder machen, was er gerne möchte ... vorausgesetzt es handelt sich dabei um leblose Materie.

Inzwischen genügt es einigen Großkotzen aber nicht mehr mit ihren fahrbaren Untersätzen zu prahlen. Sie brüsten sich auf Fotos, mit dümmlichem Grinsen auf den Gesichtern, einer Waffe in der Hand und in lächerlicher Siegerpose, gestützt mit einem Bein auf ein wunderschönes, einst majestätisches, von ihnen feige ermordetes Geschöpf. Ob es sich um einen Löwen, eine Löwin, eine Giraffe, ein Zebra oder welches Tier auch immer handelt, ist dabei nicht ausschlaggebend. Es ist und bleibt perverser Mord, an unschuldigen, nicht selten auch vom Aussterben bedrohten, Geschöpfen Gottes.

Worauf sind diese Ekelpakete eigentlich so stolz? Auf die viele Kohle, die sie hingeblättert haben, damit ihnen ein gewissenloser Geschäftemacher eines dieser Tiere vor die Waffe treibt und sie es womöglich noch in einem Jeep bequem auf ihrem fetten Hintern sitzend, abknallen können? Darauf, dass diese Tiere nicht einmal ansatzweise die Chance hatten, ihrem traurigen Schicksal zu entrinnen? Sollten sie diesen Geschöpfen ohne Hilfe und ohne Schutz in freier Natur gegenüberstehen, würden sie sich in ihr Gucci Höschen scheißen. Das hätten diese widerwärtigen Feiglinge dann nicht im Kreuz, insbesondere, da sie genau wissen, dass sie in diesem Fall den Kürzeren ziehen würden. Dann könnte ihnen auch noch so viel Kohle nicht mehr helfen. Dass sich auf solchen Fotos auch immer mehr weibliche Killer mit ihren Jagdtrophäen brüsten, entsetzt mich ganz besonders.

Schön ist, dass auch einige dieser sogenannten oberen Zehntausend, ein großes Herz für Tiere haben und ihr Vermögen dafür einsetzen, um solche Vergehen aufzudecken und öffentlich anzuprangern. So gesehen in einer kürzlich gesendeten Dokumentation über einen amerikanischen Milliardär und Tierschützer, der sowohl diese ungleiche Jagd als auch die Übergabe des Blutgeldes verdeckt gefilmt hatte. Um sich vorstellen zu können, was ihm passieren hätte können, wäre er entdeckt worden, braucht man nicht wirklich viel Fantasie. Erfreulicherweise gibt es auch Menschen, denen ihr riesiges Vermögen nicht den Charakter verdorben hat. Diese

Menschen verdienen Bewunderung und höchsten Respekt.

Unter dem Deckmantel der Tierliebe werden in Südafrika ca. 333 Zuchtfarmen für Tiger und Löwen betrieben. Die Besitzer geben vor, gegen die Löwenjagd zu sein. Dass das eine Lüge ist, wurde von dem sympathischen amerikanischen Milliardär, durch seine verdeckten Videos, zweifelsfrei aufgedeckt.

Größtenteils werden diese Tiere wegen ihrer Knochen gezüchtet. Das Knochenmehl wird für sehr viel Geld nach, wie könnte es auch anders sein, Asien geliefert. Dieses Volk hat nicht nur Potenzprobleme, sondern geht auch davon aus, dass dieses Knochenmehl vor Krankheiten schützt und das Immunsystem stärkt. Auch diese Wirkung konnte bisher nicht belegt werden und wenn doch, würde sie die Qualen dieser Tiere in keiner Weise rechtfertigen.

Das dafür kassierte Blutgeld stellt diese geldgierigen Händler immer noch nicht zufrieden. Daher werden die Tiere auch hier noch, für enorme Summen, an erbärmliche Trophäenjäger verschachert.

Die majestätischen Tiere werden in Massen gezüchtet und verbringen ihr Leben, wenn man es überhaupt so nennen mag, in einem relativ kleinen, von einem hohen Zaun umgebenen Gelände. Dass man sich nicht einmal die Mühe macht, dieses zu begrünen, konnte ich im Video mit eigenen Augen sehen. Bis auf einen einzigen riesigen Baum gibt es nicht einmal Büsche, die ihnen Schutz vor der glutheißen Sonne Südafrikas bieten könnten.

Nähern sich ihre Peiniger mit Gewehren bewaffnet, ahnen die Tiere offensichtlich bereits, was nun auf sie zukommt. Mussten sie es doch bereits bei anderen Rudelmitgliedern miterleben. Da die Tiere weder eine Fluchtmöglichkeit haben, noch sich irgendwo verstecken können, flüchten sie sich in ihrer Verzweiflung auf den einzigen verfügbaren Baum. In der verzweifelten Hoffnung, ihren Mördern, die sich wahrscheinlich auch noch Pfleger nennen, doch noch entkommen zu können.

Das Bild eines riesigen verängstigten Löwen, der sich auf einen Baum flüchtet, hat mit einem König der Tiere nichts mehr gemein. Ein trauriger Anblick, der mich wieder einmal im Traum verfolgte.

Schaue ich mir die zahlreichen Fotos im Netz an, kommt mir unwillkürlich der Gedanke, dass jedes einzelne dieser Tiere, noch im Tod wesentlich mehr Schönheit und Würde ausstrahlt, als alle ihre feigen Killer zusammen.

Aus Gründen des Urheberrechts darf ich hier keines dieser ekelerregenden Fotos präsentieren.

Bei meinen Recherchen fand ich heraus, dass diese Fotos im Netz ohne Ausnahme einen enormen Shitstorm auslösen. Wundert das jemanden? Meinen besonderen Respekt hat ein amerikanisches Mädchen verdient. Als sie ihren Vater mit feistem Grinsen und in Siegerpose auf einem dieser Fotos erkannte, prangerte sie ihn nicht nur öffentlich an, sie brach gleichzeitig jeden weiteren Kontakt zu ihm ab. Das zu lesen macht Hoffnung. Wer weiß, vielleicht stellte sie sich einfach nur die Frage:

Will ich mit diesem Vater leben?

Viktor

Wer es tatsächlich „geschafft" hat, TIERLEID bis hierher zu lesen, hat sich eine kleine „Belohnung" verdient.

Diese LeserInnen werden mir sicher zustimmen, dass jeder empathische Tierfreund ob der vielen Grausamkeiten verrückt werden könnte, wenn es nicht hin und wieder ein Happy End für ein Tier geben würde. Der goldige Viktor gehört zu diesen Glücklichen.

Als ich auf Facebook Viktors verzweifelten Hilferuf entdeckte, traute ich meinen Augen nicht. Hier wurde auf schnellstem Weg ein neues, schlachtfreies Zuhause für das 3-jährige, kastrierte Böckchen gesucht. Aufgrund der Beschreibung „verschmust, versteht sich blendend mit Artgenossen, geht ohne Leine mit seiner Familie spazieren und liebt Kinder" und des hübschen Fotos, hatte ich den Kleinen sofort ins Herz geschlossen.

Als ich las, dass er eingeschläfert werden muss, sollte nicht innerhalb einer Woche ein neues Zuhause für ihn gefunden werden, schwoll mir die Halsschlagader. Die angegebenen Gründe erschienen mir mehr als fadenscheinig.

Dass ich nicht die Einzige war, die diesen Eindruck hatte, bestätigten mir die vielen mitfühlenden und auch verärgerten Kommentare unter diesem Beitrag.

Nun wäre ich nicht ich, hätte ich nicht sofort

alle Freunde und Bekannten mobilisiert, von denen ich annahm, dass sie eventuell helfen könnten oder zumindest jemanden kennen, der das kann und auch möchte. Gleichzeitig schrieb ich 2 Radiosender, Tierheime, mir bekannte Tierärzte und auch Institutionen an. Ich war mir sehr sicher, dass diese keine Sekunde zögern würden, ihm zu helfen.

Zu meinem großen Erstaunen hat es, bis auf eine Ausnahme mit leider negativem Bescheid, bis heute noch niemand für wichtig genug erachtet, auf diesen verzweifelten Hilferuf zu reagieren. Nicht einmal ein paar Minuten ihrer kostbaren Zeit war es ihnen wert, um mir zu erklären, aus welchem Grund es nicht möglich sein könnte, dem süßen Viktor zu helfen. Nun ich weiß jetzt, was man teilweise von öffentlichen Berichten und der darin angepriesenen Unterstützung, wenn es dringend nötig ist, halten kann. Mein Spendenverhalten für diese Institutionen wird sich künftig ändern. Es gibt so viele Menschen, die sich unermüdlich für Tiere einsetzen, finanzielle Unterstützung dringend benötigen und dankbar für jeden zusätzlichen Euro sind. Da wird sich sicher jemand finden lassen, der die Spenden dann auch wert ist.

Nach wie vor bin ich der Meinung, dass sich kein seriöser Tierarzt finden lassen wird, der ein 3-jähriges, gesundes Tierchen einschläfert. Trotzdem beschloss ich telefonisch Kontakt mit den Besitzern aufzunehmen, um wenigstens einen etwas längeren Aufschub erreichen zu können. Eine Woche Zeit schien mir viel zu kurz. Entgegen meiner Erwartung sprach ich mit einer sehr sympathischen Dame, der anzumerken war, wie schwer es ihr fällt, diese Entscheidung treffen zu müssen.

Viktor, das schlaue Kerlchen, fand immer wieder einen Weg, den Elektrozaun zu umgehen und sich an den Blumen in Nachbars Garten satt zu fressen. Offensichtlich schmecken nicht nur die Kirschen in Nachbars Garten besser 😄

Der Ärger mit dem Nachbarn hatte sich so zugespitzt, dass dieser androhte, Viktor zu erschlagen, sollte er ihn noch einmal in seinem Garten erwischen. Viktors Besitzer führen einen Gnadenhof und bekamen offensichtlich nicht ganz unbegründete Angst um die anderen tierischen Bewohner. So entschieden sie schweren Herzens, ihn zu seinem und zum Schutz aller anderen Tiere, wegzugeben. Was ich von solchen Nachbarn halte, möchte ich nicht weiter ausführen. Ich würde sonst, wie immer, wenn es um Tierquälerei oder auch schlechte Haltung geht, meine gute Kinderstube vergessen. Wenn ich es nicht sowieso schon getan hätte, weiß ich meine tollen Nachbarn jetzt noch mehr zu schätzen. Egal worum auch immer es sich handelt, bei uns wird gegenseitige Hilfe großgeschrieben und erfolgreich praktiziert.

Wenn Bella im Garten wieder einmal unermüdlich in die Luft bellt, bin ich die Einzige hier, die das nervt. Die Nachbarn verteidigen sie dann vehement. „Lass sie doch bellen, die möchte sich doch nur „unterhalten", wie wir Menschen auch. Nicht selten schafft auch sie es auszubüxen und taucht dann in Nachbars Garten auf. Die freuen sich darüber ohne Ausnahme und verzeihen ihr sofort, wenn sie sich über die leckeren, in der Pfanne gerösteten Haferflocken, die für Vögelchen bestimmt sind, hermacht, unser kleines Fressmonster.

Als ich hörte, dass Viktor bereits ein Plätzchen auf einem anderen nahe liegenden Gnadenhof gefunden hatte und sein junges Leben dort aus vollen Zügen genießen kann, fiel mir ein riesiger Felsbrocken vom Herzen.

Natürlich gab ich diese tolle Neuigkeit sofort an alle weiter, von denen ich wusste, dass sie mich bei meiner Suche unterstützen. Man muss ja nicht alle Pferde scheu machen, wenn es nicht mehr erforderlich ist.

Genau das sind sie, die kleinen Erfolge, die jeden Tierfreund und Tierschützer weiter machen und hoffen lassen. Auch wenn ich sehr oft das Gefühl habe, gegen Windmühlen zu kämpfen, werde ich niemals damit aufhören, wenigstens zu versuchen hilfsbedürftigen Tieren zu helfen. Soweit es mir mit meinen begrenzten Mitteln möglich ist. Schon die Gewissheit, im Kleinen etwas bewirken zu können, ist jeden Einsatz wert.

Damit kann ICH sehr gut leben

Nachwort und Danksagung

Würde man alle Qualen beschreiben wollen, die unsere tierischen Freunde, oft Tag für Tag, erleiden müssen, könnte dieses Buch ganz locker bis zu 1000 Seiten und mehr umfassen. Ich habe es absichtlich kurzgehalten und zum größten Teil von zu ausführlichen Beschreibungen Abstand genommen. Denn, sollte es euch wie mir gehen, übersteigt alles hier Geschilderte bereits die Grenzen des Erträglichen. Obwohl ich nicht wirklich daran glaube, würde ich mir wünschen, dass es viele Menschen lesen und zum Anlass nehmen, ihr eigenes Verhalten zu überdenken. Für die Menschen sind es sehr oft nur Kleinigkeiten, die vielen so Tieren helfen und ihr Leben wesentlich erträglicher machen könnten.

Sollte euch in eurem Umfeld schlechte Haltung oder sogar Tierquälerei auffallen, lasst eure Herzen sprechen und verschließt davor bitte nicht eure Augen. Sprecht die Menschen darauf an. Ich habe die Erfahrung gemacht, dass einige sogar dankbar dafür sind. Viele wissen gar nicht, dass sie etwas falsch machen und den Tieren dadurch unbewusst Leid zufügen. Ohne Zweifel ist die Überwindung beim „ersten Mal" nicht zu unterschätzen. Aber es lohnt sich. Euch „kostet" es lediglich einige Worte, dem Tierchen rettet es nicht selten das Leben.

„Super, du engagierst dich für Tiere. Aber was ist mit allen den armen Kindern, die ebenso dringend Hilfe benötigen?" Diese Frage wurde mir bisher nicht nur einmal gestellt.

Meine Antwort darauf ist immer die gleiche: „Stimmt genau, dafür habe ICH mich entschieden. Sich für hilfsbedürftige Kinder einsetzen könnte dann ja ab sofort deine Aufgabe sein."

Damit enden diese Gespräche genauso schnell wie sie begonnen haben. Wir alle sollten unseren Herzen folgen. Meines hat sich entschieden, es gehört den Tieren. Das war immer so, ist so und wird bis zu meinem letzten Atemzug so bleiben.

Von Herzen danken möchte ich allen den Menschen, die als Privatperson, als Mitglied oder auch als ehrenamtliche Mitarbeiter und Mitarbeiterinnen in Tierschutzvereinen ihr Bestes geben, um die Tiere zu schützen und zu versorgen. Den Menschen, die mit Sach- und

Geldspenden sicherstellen, dass die Arbeit der Tierheime weitergehen kann. Schon der kleinste Betrag, der von Herzen kommt, ist eine große Hilfe und wird dringend benötigt. Allen Menschen, die den Tieren zu liebe, niemals aufgeben, auch wenn es ein Fass ohne Boden zu sein scheint, gebührt unser aller Dank ♥

Auch die vielen Tierschutzorganisationen, die es zum Glück gibt, die sich unermüdlich für Tiere einsetzen und niemals aufgeben, dürfen an dieser Stelle nicht vergessen werden. Ich freue mich sehr, dass es immer mehr Menschen gibt, die bei Wahlen mit ihrer Stimme die Tierschutzpartei unterstützen. Mit der tatkräftigen Unterstützung aller Tierfreunde, schaffen sie es hoffentlich bald, einen oder mehrere Sitze im Bundestag zu ergattern. Es ist an der Zeit, dass Politiker an die Macht kommen, bei denen eben nicht nur ihr eigenes Wohlergehen an erster Stelle steht. Ich würde mir eine politische Führungsriege wünschen, die sich aus vollem Herzen und mit ganzer Kraft dafür einsetzt, dass sich für unsere Freunde, die Tiere, endlich etwas zum Positiven verändert. Auf leere Versprechungen, insbesondere vor Wahlen, lege ich schon lange keinen Wert mehr. Die Menschen, die aufgrund derer nicht mehr zur Wahl gehen wollen, werden immer mehr. Verschenkt eure Stimme nicht, gebt sie der Tierschutzpartei. Eine gute Alternative, wenn nicht sogar die beste, von der ich zu meiner großen Freude bereits einige überzeugen konnte.

Mein ganz besonderes Dankeschön geht an die Tierschutzorganisation PETA, die mir gestattete, den Bericht über das Leiden der Marderhunde zu übernehmen.

Ebenso bedanke ich mich bei jenen Verfassern, auf deren Statements ich im Lauf meiner Recherchen im Internet gestoßen bin und die ich, aufgrund ihrer Wichtigkeit, in dieses Buch aufgenommen habe. Diese Statements wurden mit „Netzfund" gekennzeichnet. Leider war es mir nicht immer möglich, die Verfasser ausfindig zu machen, um ihre Genehmigung einzuholen. Da diese aber ebenfalls ein großes Herz für Tiere haben, gehe ich davon aus, dass sie mir ihre Zustimmung nicht verweigert hätten.

Am Ende dieses Buches möchte ich betonen, dass es nicht geschrieben wurde, um die Menschen zu bespaßen oder der Autorin Ruhm, Ehre und Reichtum zu bescheren. Es wurde einzig und alleine geschrieben, weil ich mich immer noch weigere, die Hoffnung aufzugeben, dass Menschen aus Eigennutz und ohne Rücksicht auf unsere tierischen Freunde ihr Handeln nicht ändern können oder wollen.

Die Menschen aufzuklären ist mir eine Herzensangelegenheit. So einfach ist das. Ich möchte einen kleinen Betrag leisten, dass sie ernsthaft über die Leiden der Tiere nachdenken, ihr Handeln überdenken und sich in den Köpfen endlich dauerhaft etwas verändert. Ausschließlich dadurch werden die gequälten Kreaturen die Unterstützung bekommen, die sie verdienen und so dringend brauchen. Heute mehr als jemals zuvor.

Sollten durch dieses Buch, seien es auch nur ein wenig mehr Menschen, auf einen verständnis- und verantwortungsvolleren Weg gebracht werden können, hat es seinen Zweck bereits erreicht.

Traurigerweise gäbe es noch vieles mehr, über das berichtet werden müsste. Aber ich denke, die hier geschilderten Abnormalitäten sollten erst einmal verdaut und überdacht werden. Vielleicht nehme ich dann auch noch eine Fortsetzung in Angriff.

Ich würde mir von Herzen wünschen, dass in

den Köpfen aller Menschen ein Umdenken stattfinden würde. Denn die Hoffnung stirbt bekanntlich zuletzt und den Tieren zu helfen könnte so einfach sein. Hirn einschalten, Einstellung und Lebensweise oft nur ein bisschen ändern. Das kostet nichts und ist so einfach umsetzbar. Das Einzige, das dafür benötigt wird, ist der Wille, den Tieren zu helfen. Daher bitte ich euch von Herzen euch selbst und auch anderen immer und immer wieder die zu Frage zu stellen:

Können wir damit tatsächlich leben?

Dass dem Gründer des Gut Aiderbichl, Michael Aufhauser, und den vielen Tierengeln, die auf diesen Gütern arbeiten, das Wohl der Tiere sehr am Herzen liegt, ist allseits bekannt und vielfach bewiesen. Auf Anfrage wurde mir gestattet, TIERLEID mit seinen wunderschönen und so wahren Worten zu beenden. Das ist keine Selbstverständlichkeit. Ich weiß diese nette Geste sehr zu schätzen und bedanke mich ganz herzlich dafür. Mit schöneren Worten hätte ich mein Buch nicht beenden können.

Erst wenn wir Tiere nicht mehr vor uns Menschen schützen müssen, haben wir etwas verändert.

UNS

Die Autorin

Die Vorliebe für die Schriftstellerei entdeckte ich bereits sehr früh. Mein Herzenswunsch wäre es gewesen, nach erfolgreichem Abschluss der mittleren Reife, die Journalistenschule zu besuchen. Das wurde mir von meinem despotischen Vater aber verwehrt.

Zu meiner Zeit wurde auf die Talente und Wünsche der Kinder noch keine Rücksicht genommen. Was der „Herr des Hauses" bestimmte, hatte befolgt zu werden.

Umso mehr weiß ich es zu würdigen, dass ich heute in reifem Alter, Zeit und Möglichkeit habe, mich dieser Leidenschaft widmen zu können. Besser spät als nie.

Als humorvoller Mensch, mit einer Vorliebe für schwarzen Humor, bringe ich diesen gerne in meinen Büchern zum Ausdruck. Bücher zu schreiben ist mein Hobby, daher setze ich mich auch nicht unter Druck, eine bestimmte Anzahl von Büchern pro Jahr auf den Markt zu bringen. Im Gegensatz zu vielen anderen Autoren bin ich nicht in der Situation vom Erlös meiner Bücher leben zu müssen. In der Regel veröffentliche ich ein Buch im Jahr, wobei der Kommerz dabei nicht an erster Stelle steht. Glücklich machen mich die Reaktionen meiner Leser, die mir zeigen, dass die Bücher gefallen und ich „etwas" richtig gemacht habe.

Bella Sockenmonster, unser vierbeiniges Familienmitglied und die Protagonistin der „Bellabücher", lässt es sich nicht nehmen, mich euch persönlich vorzustellen, daher erteile ich ihr hiermit sehr gerne das Wort:

„Das Herz meiner Zweibeinigen gehört neben mir und meinem Herzensmenschen, mit dem sie seit 24 Jahren glücklich und zufrieden lebt, auch der Schriftstellerei. Mindestens ebenso liegen ihr alle Tierchen, egal ob sie krabbeln, laufen, kriechen oder auch fliegen, am Herzen und sie mischt sich ein, wenn sie der Meinung ist, dass eines von ihnen nicht gut behandelt wird. Neben den Büchern spielt bei uns sowohl der Tierschutz als auch die Aufklärung über das Leid vieler Tiere eine große Rolle und kann oft auch perfekt in die Bücher eingebunden werden. Auf ein bestimmtes Genre legt sie sich nicht fest, denn alle Bücher behandeln wichtige Themen, von denen sie der Meinung ist, dass die Menschen das wissen sollten.

Unser beider Wunsch ist es, dass die „Bellabücher" kleinen und großen Tierfreunden Spaß machen und sie sich an den vielen hübschen Farbfotos erfreuen. Aber auch, dass schon bei den Kleinen der Grundstein für ein respekt- und liebevolles Zusammenleben mit unseren Freunden, den Tieren, gelegt wird. Daher behandelt jedes „meiner" Bücher ein, besonders für Kinder, wichtiges Thema.

Wie wir erfahren haben, werden diese auch von „großen" Menschen sehr gerne gelesen. Die Bücher sind also geeignet für alle Menschen von 1 bis 99 😄

Unser Lebensmotto:

Aufgeben gibt es nicht ♥

Bisher erschienene Bücher

(@Text und Bild Christl Friedl)

Buchtrailer, Leseproben und mehr:

Website ► **https://christlfriedl.com**

YouTube ► **https://bit.ly/2VAMIRW**

Bella und ich freuen uns auf euch

Postskriptum

Wie ihr sehen könnt, hatte ich TIERLEID bereits abgeschlossen ... dachte ich zumindest.

Bis ich diese Woche auf einen Artikel aufmerksam wurde, der mir das Blut in den Adern gefrieren lässt. Wie schon so viele Male vorher.

In den Grünanlagen einer Schule tummeln sich, zur Freude von Lehrern und Schülern, viele Igel. Während der letzten Wochen wurden des Öfteren Tiere mit gebrochenen Beinchen gefunden und verarztet. Der letzte „Fund" setzt dann allen vorhergehenden die Krone auf. Man fand die verkohlten Kadaver von Mama Igel und ihren fünf Babys. Offensichtlich wurde die kleine Igelfamilie bei lebendigem Leib angezündet. Es müssen Höllenqualen gewesen sein, bis sie durch einen gnädigen Tod erlöst wurden. Sollte nun jemand denken, dass das ein Ausnahmefall gewesen ist, muss ich ihn enttäuschen. Bei meinen Recherchen fand ich heraus, dass es unter Tierquälern an der Tagesordnung zu sein scheint, diese putzigen Tierchen anzuzünden. Tierquäler sind Feiglinge und vergreifen sich vorzugsweise an Tieren, bei denen sie keine Angst haben müssen, dass sich diese gegen ihre Peiniger zur Wehr setzen können. In allen diesen Fällen ermittelt die Polizei. Aber, wie in den meisten Fällen von Tierquälerei, ist kaum anzunehmen, dass die Täter gefunden und entsprechend bestraft werden können.

Jeder normale Mensch freut sich wie ein Schneekönig, wenn er die süßen Knopfaugen im Garten beherbergen darf. Wir machen da keine Ausnahme und haben ihnen wieder einen kuscheligen Unterschlupf aus Zweigen, Laub und Moos vorbereitet, um sie während ihres Winterschlafes vor der oft klirrenden Kälte zu schützen.

Kleine Kinder lieben Tiere ... alle, ohne Ausnahme. Wie kein Tier, so wird auch kein Mensch böse geboren, daher frage ich mich an dieser Stelle ...

... was mag im Leben Jugendlicher vorgefallen sein, diese Tierliebe tief in ihrem Innersten zu vergraben, sich an dem schrecklichen Leid süßer Igel zu weiden ... ihnen diese Qualen sogar selbst zuzufügen?

... was ist ihnen widerfahren, dass sie sich auf die Jagd nach diesen Tierchen mit den goldigen Knopfaugen machen, um ihnen die Beinchen zu brechen ... herzlos und bestialisch?

... was kann so schrecklich in ihrem noch jungen Leben gewesen sein, das sie veranlasst, eine Igelmama und ihre fünf Babys bei lebendigem Leib anzuzünden, um sich an ihrem Leid zu ergötzen?

... was kann man ihnen angetan haben, dass sie deren schreckliche Schmerzensschreie ertragen können ... kalt und ohne jegliches Gefühl von Mitleid?

Ich habe nicht die geringste Ahnung wie es so weit kommen konnte und, wenn ich ehrlich bin, möchte ich es auch gar nicht wissen. Denn, egal was man selbst erleben musste, es gibt niemandem das Recht, seine Wut an unschuldigen, wehrlosen Lebewesen auszulassen.

Um diese kleine Igelfamilie und auch alle anderen unschuldigen Tiere weine ich. Die verrohten und verhärteten Herzen ihrer

Peiniger und der anderen Tierquäler, entsetzen und ängstigen mich gleichermaßen.

Was wird passieren, wenn es ihnen eines Tages nicht mehr genügt, Tiere leiden zu sehen? Wo wird es dann enden? Beim Menschen?

Das möchte ich NIEMALS erleben!

Wer gut mit Tieren umgehen kann,
der hört sie sprechen.

Wer sehr gut mit Tieren umgehen
kann,
der hört sie sogar flüstern.

Wer jedoch überhaupt nicht
mit Tieren umgehen kann,
der hört sie noch nicht einmal
schreien

(Netzfund)